# BÍBLIA PARA MINECRAFTERS

## Explorando a Palavra de Deus bloco a bloco

Direção Geral
*Adriel Ribeiro Penkal*

Coordenador Editorial
*Cristiano Braz Jorgini*
*Giovanna Felipe*

Coordenador de Diagramação
*Rebeca Massaro de Lima*

Assistente Editorial
*Isabelle S. Alves*
*Priscila Louzada Macedo*

Projeto Gráfico
*Felippe Souza*
*Hendrick Ventura*

Diagramação
*Felippe Souza*

Capa
*Elias Lidione*

Pesquisa Iconográfica e Tratamento de Imagens
*Elias Lidione*
*Felippe Sousa*



**Dados Internacionais de Catalogação na Publicação (CIP)**
**(Câmara Brasileira do Livro, SP, Brasil)**

Bíblia para Minecrafters. -- Londrina, PR : Livrarias Família Cristã, 2024.

ISBN 978-65-277-0142-2
ISBN 978-65-277-0147-7

1. Bíblia infantil ilustrada 2. Bíblia - Literatura infantojuvenil.

24-228204 CDD-220.9505

**Índices para catálogo sistemático:**

1. Bíblia infantil : Texto adaptado 220.9505

Eliete Marques da Silva - Bibliotecária - CRB-8/9380



R. Antônio Sabino, 203 - Parque Industrial - Ibiporã - PR
www.livrariasfamiliacrista.com.br

**Impressão: SEARON**

# BÍBLIA PARA MINECRAFTERS

Explorando a Palavra
de Deus bloco a bloco

# SUMÁRIO

## ANTIGO TESTAMENTO

## NOVO TESTAMENTO

# ANTIGO TESTAMENTO

PLAY

# A CRIAÇÃO DO MUNDO (GÊNESIS 1)

No começo, tudo estava escuro e vazio. Não havia cores, nem vida. Mas Deus olhou para aquele cenário e decidiu começar algo incrível.

— Haja luz! – disse ele. E, de repente, a luz surgiu! Assim, Deus criou o dia e a noite, separando o claro do escuro.

Logo depois, Deus formou a grande terra e o profundo mar. Em seguida, com todo o carinho, criou as flores mais bonitas e as árvores que davam os frutos mais saborosos. A terra começou a se encher de vida!

— Que os oceanos e o céu se encham de criaturas! – disse Deus. E assim aconteceu. Peixinhos pequenos começaram a nadar nos mares, e criaturas gigantes, como as baleias, surgiram também. No céu, pássaros coloridos começaram a voar, de um lado para o outro, alegrando o céu com suas cores.

Então, Deus olhou para cima e fez as estrelas brilharem. Criou o sol para iluminar o dia e a lua majestosa para clarear a noite. Ele sorriu satisfeito com tudo o que havia feito.

Não esquecendo de nada, Deus continuou a criar. Fez araras cheias de cores, beija-flores rápidos que beijavam as flores, e até águias que voavam lá no alto, bem perto do céu.

E a terra, antes vazia, ficou cheia de vida. Animais de todos os tipos apareceram: pequeninos ratos, enormes elefantes e até os leões, que rugiam com força.

Tudo era perfeito, e Deus ficou muito feliz com sua criação.

# A CRIAÇÃO DA MULHER (GÊNESIS 2)

Depois que Deus criou o mundo, ele formou o primeiro homem, Adão. Deus plantou um lindo jardim chamado Éden, cheio de árvores, flores e animais de todos os tipos, e colocou Adão para cuidar de tudo. No entanto, Adão estava sozinho, e Deus percebeu que ele precisava de uma companhia.

— Não é bom que o homem esteja só - disse Deus. — Farei alguém para estar com ele.

Então, Deus trouxe todos os animais para Adão dar nomes a eles. Adão viu todos os bichos, desde os passarinhos até os elefantes, e deu nome a cada um. Mas, apesar de tantos animais ao seu redor, Adão ainda não tinha uma companhia igual a ele.

Foi então que Deus fez Adão cair em um sono profundo. Enquanto ele dormia, Deus tirou uma das costelas de Adão e, com muito cuidado, criou a mulher. Quando Adão acordou e viu a mulher, ele ficou muito feliz!

— Esta, sim, é carne da minha carne e osso dos meus ossos! - disse Adão.

— Ela será chamada mulher, porque foi tirada do homem.

Assim, Deus deu a Adão uma companheira, e os dois viveram felizes no jardim do Éden. Deus os abençoou e disse que eles deveriam cuidar do mundo e de tudo que havia nele, vivendo em harmonia e amor.

Foi assim que a primeira mulher foi criada, e juntos, Adão e Eva formaram a primeira família, amados por Deus e cuidando do belo jardim que Ele havia feito para eles.

# A QUEDA DO HOMEM (GÊNESIS 3)

No jardim do Éden, Adão e Eva viviam felizes. Deus tinha dado uma ordem: podiam comer de todas as árvores, menos da árvore do conhecimento do bem e do mal.

— Não comam dessa árvore – disse Deus. — Se comerem, morrerão.

Um dia, a serpente, muito esperta, falou com Eva:

— Deus disse para não comer de nenhuma árvore?

— Podemos comer de todas, menos daquela. Se comermos, morreremos – respondeu Eva.

A serpente insistiu:

— Vocês não vão morrer! Deus sabe que, se comerem, serão como Ele, conhecendo o bem e o mal.

Eva olhou para o fruto, achou bonito e comeu. Depois, deu a Adão, que também comeu. Então, perceberam que estavam nus e ficaram envergonhados, fazendo roupas com folhas.

Quando ouviram a voz de Deus, se esconderam. Deus chamou:

— Onde estão?

Adão respondeu:

— Ouvi Tua voz e tive medo, porque estou nu.

Deus perguntou:

— Quem contou que estavam nus? Vocês comeram da árvore que Eu proibi?

Adão disse:

— Eva me deu o fruto.

Deus perguntou a Eva:

— O que você fez?

Eva respondeu:

— A serpente me enganou.

Deus, triste, explicou que, por causa disso, Adão e Eva teriam que deixar o jardim do Éden e trabalhar para sobreviver.

# CAIM E ABEL (GÊNESIS 4)

Adão e Eva tiveram dois filhos. O mais velho se chamava Caim, e o mais novo, Abel. Cada um escolheu uma profissão diferente: Abel decidiu cuidar das ovelhas, enquanto Caim se dedicou a plantar e colher frutos da terra.

Um dia, os dois resolveram fazer uma oferta a Deus. Caim trouxe alguns frutos que havia colhido, e Abel ofereceu o melhor cordeiro do seu rebanho. Deus ficou mais satisfeito com a oferta de Abel, pois ele entregou com todo o coração o que tinha de melhor.

Caim, porém, ficou com muita inveja do irmão. Ele não entendeu por que Deus havia gostado mais da oferta de Abel e, cheio de raiva, convidou Abel para ir até o campo. Lá, Caim fez algo terrível: ele brigou com Abel e acabou machucando seu irmão, que não resistiu.

Quando Caim percebeu o que tinha feito, ficou com muito medo, pois sabia que Deus havia visto tudo. Deus então perguntou:

— Caim, onde está o seu irmão?

Caim, tremendo de medo, respondeu:

— Eu não sei, Senhor. Por acaso sou o guardador do meu irmão?

Mas Deus sabia da verdade e disse:

— Caim, o sangue do seu irmão clama por justiça! A partir de agora, você será um fugitivo e vagará pela terra.

Caim ficou desesperado e fugiu para bem longe, pois sabia que não poderia mais viver em paz depois do que havia feito. E assim, ele se tornou um errante.

Alguns anos depois, Adão e Eva tiveram mais um filho. Eles o chamaram de Sete, e ele trouxe nova alegria para a família, que continuava a confiar nos cuidados de Deus, apesar da tristeza que haviam enfrentado.

# A ARCA DE NOÉ (GÊNESIS 6-8)

Muito tempo depois da criação, a Terra ficou cheia de pessoas, mas elas começaram a se afastar de Deus. A maldade e a violência estavam por toda parte, e isso deixou Deus muito triste. Ele decidiu que iria acabar com tudo, mas havia um homem chamado Noé, que era bom e obedecia a Deus. Por isso, Deus resolveu salvar Noé e sua família.

— Noé, vou destruir a Terra - disse Deus.

— Mas você e sua família serão salvos. Construa uma arca, um barco enorme, seguindo as instruções que vou lhe dar.

Noé confiou em Deus e começou a construir a arca junto com seus filhos. Era um trabalho difícil e demorou bastante tempo. As pessoas ao redor riam deles e zombavam:

— Para que esse barco tão grande? Nem tem água por aqui!

Mas Noé não se importou com as risadas e continuou fazendo o que Deus havia mandado. Quando a arca ficou pronta, Deus pediu que Noé colocasse sua família e todos os animais no barco: leões, girafas, elefantes, passarinhos e muitos outros, todos em pares.

Assim que todos entraram, Deus fechou a porta da arca. Então, começou a chover, e choveu sem parar por 40 dias! A água subiu tanto que cobriu até as montanhas mais altas, e a arca flutuava sobre as águas. Noé, sua família e os animais ficaram seguros dentro da arca por dias, esperando a água baixar.

Finalmente, um dia, a arca parou no alto de uma montanha, e Deus disse que era hora de todos saírem. Noé, sua família e os animais saíram do barco, felizes por estarem salvos.

Para mostrar Sua promessa, Deus colocou um lindo arco-íris no céu e disse:

— Este é o sinal de que nunca mais destruirei a Terra com água.

Noé e sua família ficaram agradecidos e viveram com a certeza do amor e da proteção de Deus.

# A TORRE DE BABEL (GÊNESIS 11)

Muito tempo depois do dilúvio, a Terra já estava cheia de pessoas novamente. E todas falavam a mesma língua, então todos se entendiam muito bem. Um dia, durante uma conversa, alguém teve uma ideia:

— Vamos construir uma torre tão alta que chegue até o céu!

Todos acharam a ideia incrível! Eles começaram a construir a torre, e conforme trabalhavam, começaram a se sentir muito poderosos. Eles pensaram que, com aquela torre, poderiam alcançar o céu e fazer qualquer coisa.

Deus, vendo essa atitude de arrogância, não gostou nada e disse:

— Se eles acham que, porque falam a mesma língua, podem construir uma torre até o céu, vou confundir a língua deles!

De repente, cada pessoa começou a falar uma língua diferente! Quando alguém tentava conversar, o outro ouvia palavras estranhas e ninguém mais se entendia. Foi uma verdadeira confusão! As pessoas gritavam e tentavam se comunicar, mas tudo virou uma grande bagunça.

Com tanta desordem, eles não conseguiram continuar construindo a torre. E como ninguém mais se entendia, as pessoas começaram a se espalhar por várias partes da Terra.

A cidade onde eles tentaram construir a torre ficou conhecida como Babel, que significa "confusão", porque foi lá que Deus confundiu a língua de todos.

E assim, a grande torre nunca foi terminada, e as pessoas aprenderam que o orgulho não agrada a Deus.

# O CHAMADO DE ABRAÃO (GÊNESIS 12)

Um dia, Deus falou com um homem chamado Abrão, que vivia em uma terra chamada Harã. Ele era um homem bom, e Deus tinha um plano especial para ele. Deus disse a Abrão:

— Saia da sua terra, da casa dos seus pais, e vá para a terra que eu vou mostrar. Eu farei de você uma grande nação. Vou abençoar você, e através de você, todas as famílias da terra serão abençoadas.

Abrão sabia que deveria obedecer a Deus, mesmo sem saber para onde estava indo. Ele juntou suas coisas, levou sua esposa, Sarai, e seu sobrinho, Ló, e partiu em uma grande viagem, confiando nas promessas de Deus.

Eles caminharam por muitos dias até chegarem a uma terra chamada Canaã. Deus apareceu de novo para Abrão e disse:

— Eu darei esta terra aos seus descendentes.

Abrão ficou muito feliz e, em agradecimento, construiu um altar para adorar a Deus naquele lugar.

A vida de Abrão foi cheia de aventuras, mas ele sempre confiou que Deus cumpriria todas as promessas. Mesmo quando as coisas pareciam difíceis, ele sabia que Deus estava ao seu lado, guiando seus passos.

E assim, Abrão, que mais tarde passou a se chamar Abraão, tornou-se o pai de uma grande nação, e suas histórias de fé e obediência continuam a inspirar muitas pessoas até hoje.

# A DESTRUIÇÃO DE SODOMA E GOMORRA (GÊNESIS 19)

Certa vez, havia duas cidades chamadas Sodoma e Gomorra, onde as pessoas faziam muitas coisas erradas. Deus decidiu que era hora de destruir essas cidades por causa de tanta maldade. Mas havia um homem bom chamado Ló que morava em Sodoma com sua família. Deus enviou dois anjos para avisá-lo.

Os anjos chegaram à cidade e encontraram Ló. Ele os recebeu em sua casa e cuidou deles. No entanto, as pessoas da cidade queriam fazer mal aos anjos, e Ló tentou protegê-los. Os anjos, vendo o perigo, disseram a Ló:

— Pegue sua família e saia daqui rápido! Deus vai destruir esta cidade.

Logo de manhã, os anjos apressaram Ló:

— Levante-se! Pegue sua esposa e suas filhas e saiam daqui, antes que seja tarde.

Eles os levaram para fora da cidade e disseram:

— Fujam para as montanhas e não olhem para trás!

Ló e sua família começaram a correr, mas sua esposa, curiosa, desobedeceu. Ela olhou para trás para ver a cidade e, naquele momento, transformou-se em uma estátua de sal. Enquanto isso, Deus enviou fogo e enxofre do céu, destruindo completamente Sodoma e Gomorra.

Ló e suas filhas conseguiram se salvar, pois seguiram as instruções dos anjos. Deus protegeu Ló porque ele era justo e obediente. A história de Sodoma e Gomorra nos ensina a importância de seguir o que Deus nos pede e de sermos bondosos, como Ló foi.

# ABRAÃO E SARA (GÊNESIS 20)

Abraão e sua esposa, Sara, eram um casal muito especial, porque Deus havia prometido que teriam um filho, apesar de já serem bem velhinhos.

Um dia, Abraão e Sara viajaram para uma terra chamada Gerar. Ao chegarem lá, Abraão ficou preocupado, pois ele sabia que Sara era muito bonita e temia que o rei, Abimeleque, quisesse levá-la para ser sua esposa. Então, Abraão decidiu contar uma mentirinha.

— Sara, vamos dizer que você é minha irmã - sugeriu Abraão, olhando para ela com preocupação.

Sara concordou, pois queria ajudar seu marido. Então, ao chegarem à cidade, o rei Abimeleque viu Sara e realmente ficou encantado como pensou Abraão.

— Quem é essa mulher tão bonita? - perguntou ele.

Os homens da cidade disseram que ela era a irmã de Abraão. O rei ficou tão interessado que mandou chamar Sara para o seu palácio.

Mas Deus estava observando tudo. Durante à noite, ele falou com Abimeleque em um sonho.

— Você não deve tocar nessa mulher! Ela é esposa de Abraão - avisou Deus.

Assustado, o rei acordou e correu até Abraão.

— Por que você me enganou? - perguntou Abimeleque.

— Pensei que ela era sua irmã!

Abraão explicou a situação, pedindo desculpas. O rei, aliviado, devolveu Sara a Abraão e, como um sinal de amizade, deu presentes ao casal.

— Agora, fiquem em paz e voltem para sua terra - disse Abimeleque.

Abraão e Sara deixaram Gerar, levando os presentes do rei. Isso nos ensina que Deus continua abençoando seus filhos apesar dos erros que eles cometem. E ainda mais! Que quando estamos fora de seu caminho, Ele intervém para voltarmos para o que é correto.

# ABRAÃO E ISAQUE (GÊNESIS 22)

Certo dia, Isaque, o filho tão desejado de Abraão e Sara, já estava bem crescido. E Deus pediu para Abraão sacrificar Isaque.

Abraão e Isaque arrumaram tudo o que precisavam para o sacrifício, então Isaque pergunta a Abraão:

— Pai, pegamos a lenha, colocamos o fogo, onde está o carneirinho para oferecer?

Abraão respondeu:

— Deus dará o que for preciso, Ele arranjará um carneirinho, meu filho querido.

Abraão fez o altar, arrumou a lenha. Depois amarrou Isaque e o colocou em cima da lenha. Logo depois pegou a faca para matá-lo.

Lá do céu o anjo disse firmemente:

— Não machuque o menino! Agora sei que você teme a Deus, pois você entregou seu único filho.

Em seguida, Abraão pegou um carneiro que estava no meio de uma moita e ofereceu em sacrifício no lugar do seu filho.

Deus viu que Abraão fez exatamente da forma como Ele havia pedido, viu que Abraão tinha muita fé. Ele não precisou fazer o sacrifício. Ele fez esse pedido a Abraão para testar a sua fé.

Viu como a fé de Abraão foi grande?

# ESAÚ E JACÓ (GÊNESIS 27)

Esaú e Jacó eram irmãos muito diferentes. Esaú era um grande caçador e o preferido de seu pai, Isaque, que admirava sua força. Jacó, por outro lado, era tranquilo, gostava de plantar e sentia ciúmes de Esaú por ser o favorito.

Um dia, Jacó fez uma sopa deliciosa, e Esaú chegou do campo, exausto e faminto. Ele pediu:

— Dá-me um pouco dessa sopa! Estou morrendo de fome.

Jacó, sempre esperto, respondeu:

— Eu te dou, mas quero a recompensa de ser o filho mais velho.

Esaú, sem pensar, aceitou:

— O que me importa a herança se estou quase morrendo de fome?

Assim, Esaú trocou sua bênção de primogênito por um prato de sopa.

Anos depois, Isaque, já idoso e com pouca visão, chamou Esaú:

— Vá caçar e prepare uma comida para mim. Depois, eu lhe darei minha bênção.

Rebeca, a mãe dos dois, ouviu e disse a Jacó:

— Traga dois cabritos, e eu farei uma comida para seu pai. Você vai se passar por Esaú para receber a bênção.

Jacó ficou preocupado:

— E se meu pai perceber? Esaú é peludo, e eu não!

Rebeca garantiu:

— Não se preocupe, eu darei um jeito.

Ela preparou a comida, vestiu Jacó com as roupas de Esaú e cobriu suas mãos com peles de cabra. Quando Jacó levou a comida, Isaque desconfiou da voz, mas o cheiro e o toque o convenceram. Ele deu a bênção a Jacó, pensando que era Esaú.

Logo depois, Esaú chegou e descobriu o engano. Furioso, exclamou:

— Um dia, vou me vingar de Jacó!

Rebeca, temendo o pior, mandou Jacó fugir, e ele confiou que Deus o protegeria.

# JACÓ E O SONHO DA ESCADA (GÊNESIS 28)

Esaú ficou muito bravo com o que Jacó havia feito, e, com medo da vingança do irmão, Jacó decidiu fugir. Sabendo que Esaú estava à sua procura, Jacó resolveu se afastar e deixar tudo para trás.

Ao entardecer, durante sua longa jornada, Jacó chegou a um lugar sagrado e resolveu parar para descansar. Ele pegou uma pedra para servir de travesseiro e deitou-se. Enquanto dormia, teve um sonho extraordinário: ele viu uma escada que ia da terra até o céu, e anjos, vestidos de branco, subiam e desciam por ela. A cena era linda e cheia de luz.

No sonho, Deus falou com Jacó:

— Eu sou o Deus de Abraão e Isaque. Esta terra onde você está deitado é sagrada, e Eu a darei a você e aos seus descendentes. Seus filhos serão tão numerosos quanto o pó da terra.

Jacó ficou profundamente impressionado com o que viu e ouviu. Ele sentiu o poder de Deus em seu coração e, cheio de fé, fez uma promessa:

— Se Deus estiver comigo, me proteger nesta viagem, me der pão para comer e roupas para vestir, e me permitir voltar em paz à casa de meu pai, então o Senhor será o meu Deus.

Quando Jacó acordou, ele sabia que Deus estava com ele. O sonho não foi apenas um aviso, mas uma certeza de que Deus o protegeria em sua jornada. Jacó sentiu a presença de Deus e teve a certeza de que, mesmo fugindo e com medo, não estava sozinho.

E você, já sentiu o poder ou viu um milagre de Deus em sua vida? Deus está sempre presente, cuidando de nós em cada passo que damos.

# JACÓ LUTA COM O ANJO (GÊNESIS 32)

Jacó estava voltando para casa depois de muitos anos longe. Ele sabia que em breve encontraria seu irmão, Esaú, que ainda estava muito bravo com ele. Com medo desse reencontro, Jacó decidiu passar a noite em um lugar isolado para orar e pedir a proteção de Deus.

Durante a noite, algo incrível aconteceu. Um homem misterioso apareceu de repente e começou a lutar com Jacó. Eles lutaram a noite inteira, sem parar! Jacó logo percebeu que aquele homem era especial, alguém enviado por Deus. Mesmo cansado, Jacó não desistiu da luta, pois sabia que precisava de uma bênção. Ele não soltaria aquele homem até recebê-la.

Quando o dia estava quase amanhecendo, o homem tocou o quadril de Jacó, e ele sentiu uma dor intensa. Mas, mesmo machucado, Jacó continuou lutando com toda sua força. Então, o homem disse:

— Deixe-me ir, pois já está amanhecendo!

Mas Jacó, determinado, respondeu:

— Eu não te deixarei ir até que me abençoes!

Vendo a determinação de Jacó, o homem disse:

— A partir de agora, seu nome não será mais Jacó, mas Israel, pois você lutou com Deus e com os homens e venceu.

Jacó, enfim, recebeu a bênção que tanto desejava. Ele percebeu que aquele homem era um anjo, enviado por Deus para lhe trazer essa mensagem e essa bênção. A luta que enfrentou mostrou a Jacó o valor da persistência e da fé, mesmo diante de dificuldades e dores.

Naquela noite, Jacó aprendeu uma lição poderosa: Deus estava com ele, pronto para abençoá-lo e guiá-lo em cada momento de sua vida.

# JOSÉ É VENDIDO PELOS IRMÃOS (GÊNESIS 37)

José era o filho preferido de Jacó e seus irmãos sabiam disso. Um dia, seu pai pediu para ele ir até o campo, onde seus irmãos estavam cuidando das ovelhas.

Quando José estava se aproximando, seus irmãos o viram de longe e um deles falou:

— Olha lá, vem vindo o sonhador! Daremos um fim nele!

Mas o irmão mais velho, Ruben, não queria que o pior acontecesse, então sugeriu:

— Não, não vamos matá-lo. Vamos jogá-lo neste poço vazio.

Assim que José chegou, os irmãos o agarraram, arrancaram sua túnica colorida e o jogaram no buraco. José implorava por ajuda, mas ninguém o escutava. Ele estava assustado e sozinho.

Logo depois, alguns comerciantes passaram por ali, e os irmãos tiveram outra ideia. Em vez de deixá-lo no poço, decidiram vendê-lo como escravo. E assim fizeram, entregando José aos homens que seguiam viagem para o Egito.

Mas, o problema ainda não estava resolvido. Eles precisavam contar alguma coisa ao pai. Então, pegaram a túnica de José, sujaram com sangue de um cabrito e voltaram para casa. Quando Jacó viu a túnica, acreditou que seu filho havia sido devorado por um animal feroz. Ele ficou desolado, sem saber que José ainda estava vivo.

Que crueldade cometeram contra o próprio irmão!

# JOSÉ PERDOA SEUS IRMÃOS (GÊNESIS 45)

Os anos de fome chegaram, assim como José havia previsto. No Egito, graças à sabedoria de José, havia alimentos guardados para esse tempo difícil. Pessoas de muitos países iam até o Egito para comprar comida, pois havia falta de alimento em todo o mundo.

Jacó, pai de José, chamou seus filhos e disse:

— Vão ao Egito e comprem comida para nós!

Mas ele não deixou Benjamin, o filho mais novo, ir com eles, com medo de que algo ruim acontecesse.

Quando os irmãos chegaram ao Egito, José os viu e os reconheceu, mas fingiu que não os conhecia. Eles, por sua vez, não reconheceram José, que agora era um homem importante no Egito.

Algum tempo depois, os irmãos voltaram ao Egito para buscar mais alimentos. Dessa vez, Benjamin estava com eles. Quando José viu seu irmão mais novo, seu coração se encheu de alegria. Ele mandou preparar um grande almoço para todos e até cuidar dos jumentos deles.

José ficou tão emocionado ao ver Benjamin que foi para o quarto chorar. Depois, ele voltou e se reuniu com seus irmãos. Todos comeram e beberam juntos, até se sentirem satisfeitos.

No entanto, José não conseguiu mais esconder quem ele era e, com o coração cheio de amor, disse:

— Eu sou José, o irmão de vocês, aquele que vocês venderam para o Egito!

José abraçou e beijou cada um dos seus irmãos, sem guardar mágoa. Que alegria ele sentiu ao reencontrá-los e perdoá-los!

E assim, depois de tanto tempo separados, José e seus irmãos puderam finalmente ficar juntos como uma família novamente.

# O NASCIMENTO DE MOISÉS (ÊXODO 2)

Muito tempo atrás, o povo de Israel vivia no Egito e o faraó, rei do Egito, tinha medo que eles ficassem fortes demais. Por isso, ele ordenou que todos os meninos hebreus que nascessem fossem jogados no rio Nilo.

Foi nesse tempo que nasceu um bebê chamado Moisés. Sua mãe, ao vê-lo tão bonito e saudável, decidiu escondê-lo para que ele não fosse levado. Por três meses, ela cuidou de Moisés em segredo, mas chegou o momento em que não podia mais escondê-lo.

Ela teve uma ideia. Pegou um cesto de junco, passou piche para que não entrasse água, e colocou o bebê Moisés dentro. Depois, ela colocou o cesto entre os juncos à beira do rio Nilo. A irmã de Moisés, chamada Miriã, ficou de longe, observando para ver o que aconteceria.

Nessa hora, a filha do faraó foi ao rio para tomar banho. Quando viu o cesto entre os juncos, mandou uma serva buscá-lo. Ao abrir o cesto, encontrou o bebê chorando e teve compaixão dele.

— Este deve ser um dos meninos hebreus – disse a filha do faraó.

Então, Miriã, a irmã de Moisés, se aproximou e perguntou:

— A senhora quer que eu chame uma mulher hebreia para amamentar e cuidar do bebê para você?

— Sim, vá buscar alguém! – respondeu à princesa.

Miriã correu e trouxe a própria mãe, que foi contratada pela filha do faraó para cuidar de Moisés até que ele crescesse.

Quando Moisés já estava maior, ele foi levado à filha do faraó, que o adotou como seu próprio filho. E foi assim que Moisés, o menino hebreu, foi criado no palácio do Egito.

# MOISÉS E A SARÇA ARDENTE (ÊXODO 3)

Moisés já havia deixado o Egito há muitos anos e vivia no deserto como pastor, cuidando das ovelhas de seu sogro, Jetro. Certo dia, ele levou o rebanho até o monte Horebe, conhecido como o monte de Deus. E foi ali que algo surpreendente aconteceu!

Moisés viu uma pequena planta, chamada sarça, em chamas! Mas, por mais incrível que parecesse, a sarça não se queimava. Curioso, ele decidiu se aproximar para ver melhor o que estava acontecendo.

De repente, uma voz saiu do meio da sarça em chamas! Era Deus, que o chamou:

— Moisés, Moisés!

Moisés, sem entender, respondeu:

— Estou aqui!

Deus disse:

— Não chegue mais perto! Tire as sandálias, pois este lugar é sagrado.

Com muito respeito, Moisés tirou as sandálias e cobriu o rosto, sabendo que estava diante de Deus.

E Deus continuou:

— Eu sou o Deus de seus antepassados, o Deus de Abraão, Isaque e Jacó. Eu vi o sofrimento do meu povo no Egito e ouvi o clamor deles. Agora, vou libertá-los da escravidão.

Moisés ficou surpreso com o que Deus disse:

— Vou enviá-lo ao faraó para tirar o meu povo do Egito.

Assustado, Moisés perguntou:

— Quem sou eu para fazer isso?

Deus, com amor, respondeu:

— Eu estarei com você!

E assim começou a missão de Moisés: libertar o povo de Israel do Egito!

# AS DEZ PRAGAS DO EGITO (ÊXODO 7-11)

Deus pediu a Moisés que fosse até faraó e dissesse:

— Deixe o meu povo ir!

Mas faraó não quis ouvir. Então, começaram as pragas. Primeiro, Deus transformou toda a água do rio Nilo em sangue. Os peixes morreram, e o povo não podia beber daquela água. Mesmo assim, o faraó endureceu o coração e não deixou o povo sair.

Depois, vieram sapos. Eles saltavam por toda parte, invadindo as casas, as cozinhas e os quartos. Mas o faraó continuou firme e não cedeu.

Depois, o pó do chão virou piolhos. As pessoas e os animais ficaram cobertos por eles, mas, mesmo assim, o faraó não quis libertar os israelitas.

Deus enviou uma praga de moscas. Elas estavam por toda parte, perturbando o povo, mas faraó ainda não cedeu. Depois disso, os animais dos egípcios adoeceram e morreram, mas os do povo de Deus ficaram saudáveis. E o faraó? Não deixou o povo ir.

Deus mandou feridas dolorosas nas pessoas e nos animais, mas faraó continuou resistindo. Então, veio uma tempestade de pedras que destruiu plantações e árvores. Faraó pediu que Moisés orasse para parar, mas, quando a tempestade acabou, ele voltou atrás em sua palavra.

Depois, Deus mandou gafanhotos que devoraram tudo. O Egito ficou sem comida, mas faraó não cedeu.

Então, veio a nona praga: três dias de escuridão total, e faraó ainda se recusou.

Por fim, Deus anunciou a última praga: a morte dos primogênitos. Somente após essa praga, faraó finalmente permitiu que o povo fosse embora.

# A COLUNA DE FOGO E NUVEM (ÊXODO 13)

O povo de Israel finalmente estava livre do Egito e caminhava pelo deserto, mas havia um grande problema: como saber para onde ir? O deserto era vasto e perigoso, com suas dunas e o calor escaldante. Deus, porém, não os deixaria sozinhos nessa jornada tão difícil.

Durante o dia, enquanto o sol brilhava forte no céu, Deus ia à frente do povo, guiando-os com uma coluna de nuvem. A nuvem era grande e clara, mostrando o caminho certo. Ela também protegia o povo do calor intenso, como uma sombra fresca no deserto.

— Sigam a nuvem! - dizia Moisés, o líder que Deus havia escolhido para conduzir o povo.

À noite, quando o deserto ficava escuro e assustador, Deus os guiava de uma forma diferente: com uma coluna de fogo. Essa coluna iluminava todo o caminho, aquecia o povo no frio da noite e ainda afastava os animais perigosos que se escondiam na escuridão.

— Olhem! Deus está conosco! - falavam as crianças, apontando para a luz brilhante no céu.

Todos os dias e todas as noites, Deus estava ali, mostrando que nunca abandonaria o Seu povo. Eles podiam caminhar com segurança, sabendo que, onde quer que fossem, Deus os conduziria.

Assim, o povo de Israel seguiu em frente, confiando na proteção de Deus, com a nuvem de dia e o fogo à noite. Eles sabiam que, mesmo no deserto, estavam seguros, porque Deus cuidava de cada um deles com amor.

# A TRAVESSIA DO MAR VERMELHO (ÊXODO 14)

O povo de Israel caminhava pelo deserto após ser liberto da escravidão no Egito. Mas, de repente, algo assustador aconteceu: faraó, rei do Egito, havia mudado de ideia e mandou seu exército, com muitos soldados e carros de guerra, perseguir o povo. Os israelitas olharam para trás e viram as tropas egípcias se aproximando rapidamente.

Na frente deles estava o Mar Vermelho, e atrás, o exército do faraó. Eles ficaram desesperados.

— Moisés, o que vamos fazer? - gritavam, com medo.

Moisés, porém, confiava em Deus e respondeu:

— Não tenham medo! Deus vai nos salvar.

Deus, então, falou com Moisés e deu uma ordem:

— Estenda a sua mão sobre o mar.

Moisés obedeceu. Ele levantou o cajado e estendeu a mão sobre as águas. De repente, algo incrível aconteceu: um forte vento começou a soprar e as águas do mar se dividiram! Formaram-se dois grandes muros de água, um de cada lado, e no meio apareceu um caminho seco.

— Sigam em frente! - disse Moisés.

O povo atravessou o mar caminhando por terra firme, com as paredes de água ao lado. Era um milagre! Todos, homens, mulheres e crianças, passaram pelo caminho seguro que Deus havia criado.

Quando o exército do faraó tentou seguir o povo, algo surpreendente aconteceu. Deus disse a Moisés:

— Estenda a mão sobre o mar novamente.

Moisés fez o que Deus mandou. As águas do mar voltaram ao lugar, cobrindo todo o exército do faraó. Nenhum soldado conseguiu escapar. Assim, Deus salvou o seu povo de forma maravilhosa.

Os israelitas ficaram cheios de alegria e gratidão. Cantaram e louvaram a Deus, porque Ele havia mostrado o Seu grande poder, protegendo-os e abrindo o mar para poderem atravessar em segurança.

# O POVO ESTÁ COM SEDE (ÊXODO 17)

O povo de Israel estava caminhando pelo deserto, depois de terem saído do Egito. Eles já estavam andando há dias, e não havia mais água para beber. O sol era muito forte, e todos estavam com muita sede. As crianças reclamavam, os animais também não aguentavam mais, e os adultos estavam preocupados.

Então, o povo começou a reclamar com Moisés, dizendo:

— Por que você nos trouxe até aqui? Vamos morrer de sede no deserto!

Moisés ficou triste, porque ele sabia que estava seguindo a vontade de Deus. Ele orou e pediu ajuda:

— Senhor, o que devo fazer? Este povo está quase me apedrejando!

Deus ouviu a oração de Moisés e respondeu:

— Pegue o seu cajado e vá até a rocha que está no monte Horebe. Eu estarei lá diante de você. Bata na rocha com o cajado, e dela sairá água para o povo beber.

Moisés obedeceu. Ele chamou os líderes do povo e foi até o lugar em que Deus havia indicado. Quando chegaram, Moisés levantou o cajado e bateu na rocha, exatamente como Deus havia mandado. De repente, a rocha se abriu, e água fresca começou a jorrar! Todos ficaram muito felizes e correram para bebê-la.

O povo de Israel matou sua sede e entendeu que Deus cuidava deles, mesmo no meio do deserto. Eles aprenderam que sempre podiam confiar nele, pois Ele nunca os abandonaria.

Esse lugar ficou conhecido como Massá e Meribá, porque ali o povo questionou e testou a paciência de Deus, duvidando se Ele estava mesmo com eles. Mas Deus provou mais uma vez que sempre os acompanhava, em todos os momentos.

# OS DEZ MANDAMENTOS (ÊXODO 20)

O povo de Israel estava acampado ao pé do Monte Sinai. Eles tinham saído do Egito e estavam aprendendo a confiar em Deus, que os guiava todos os dias. Um dia, Deus chamou Moisés e disse que queria dar ao povo algumas regras importantes para que soubessem como viver bem.

Moisés subiu o Monte Sinai e, lá em cima, Deus falou com ele e deu os Dez Mandamentos, um presente para ajudar as pessoas a serem boas e felizes. Deus disse:

— Primeiro, lembrem-se: Eu sou o Senhor, o Deus de vocês, que os tirou da terra do Egito. Não tenham outros deuses além de mim.

O segundo mandamento foi:

— Não façam ídolos nem imagens de nada no céu, na terra ou no mar. Não adorem essas coisas, pois eu sou o único Deus.

O terceiro era:

— Não usem o meu nome de qualquer jeito. Ele é muito especial.

O quarto falava sobre o descanso:

— Guardem o sábado, o dia de descanso, para todos terem paz e louvor.

O quinto mandamento era para a família:

— Honrem o pai e a mãe para que vivam bem e por muito tempo na terra que vou lhes dar.

Então Deus continuou:

— Não matem.

— Não traiam seus maridos ou esposas.

— Não roubem.

— Não contem mentiras sobre os outros.

— Não fiquem com inveja das coisas dos outros.

Moisés desceu do monte com as tábuas de pedra onde Deus havia escrito todos esses mandamentos. O povo ouviu com atenção e entendeu que, se seguissem essas regras, viveriam em paz e fariam a vontade de Deus.

# A ARCA DA ALIANÇA (ÊXODO 25)

Deus chamou Moisés mais uma vez e disse que ele queria que o povo de Israel construísse algo muito especial: a Arca da Aliança. Essa arca seria um baú sagrado, onde iriam guardar as tábuas com os Dez Mandamentos, que Deus tinha dado a eles no Monte Sinai.

Deus deu instruções bem detalhadas:

— A arca deve ser feita de madeira de acácia, e o tamanho dela será de aproximadamente um metro e dez centímetros de comprimento, setenta centímetros de largura e setenta centímetros de altura. Por fora e por dentro, será toda revestida de ouro puro. Façam quatro argolas de ouro para os cantos da arca, e coloquem varas de madeira de acácia, também cobertas de ouro, para que possam carregar a arca.

Depois, Deus explicou que em cima da arca deveria ser colocada uma tampa muito especial, chamada de propiciatório:

— A tampa será feita de ouro puro, e nas suas extremidades haverá dois querubins, que são anjos. Eles devem ficar um de frente para o outro, com as asas estendidas para cobrir a arca. Esse será o lugar onde eu falarei com vocês.

Deus disse que a Arca da Aliança seria um símbolo de sua presença entre o povo. Sempre que a arca estivesse com eles, Deus estaria ali, guiando e protegendo seu povo.

— Coloquem dentro da arca as tábuas da lei que eu dei a vocês — disse Deus.

O povo seguiu as instruções com todo o cuidado. Construíram a arca exatamente como Deus havia mandado, e ela se tornou um dos objetos mais importantes para os israelitas. A Arca da Aliança acompanhava o povo em suas jornadas, lembrando-os de que Deus estava sempre perto, cuidando e protegendo.

Assim, a arca não era apenas um baú, mas um sinal do grande amor e cuidado de Deus por seu povo, um lembrete de que ele sempre estaria com eles em todos os momentos.

# BEZERRO DE OURO (ÊXODO 32)

O povo de Israel estava no deserto, esperando Moisés, que subira ao monte para falar com Deus. Mas o tempo passou, e eles ficaram impacientes. Alguns perguntaram:

— O que aconteceu com Moisés? Será que ele nos abandonou?

Então, foram até Arão, irmão de Moisés, e pediram:

— Faça para nós um deus que nos guie, pois não sabemos o que aconteceu com Moisés!

Arão respondeu:

— Tragam suas joias de ouro.

O povo trouxe suas joias, e Arão fez um bezerro de ouro. Quando a estátua ficou pronta, todos se alegraram e gritaram:

— Este é o nosso deus, que nos tirou do Egito!

O povo fez uma grande festa, dançando ao redor do bezerro. Mas Deus viu o que acontecia e disse a Moisés:

— Desça logo! O povo se desviou e está adorando um ídolo!

Moisés desceu do monte, carregando as tábuas com os mandamentos. Ao ver a adoração ao bezerro, ficou furioso e jogou as tábuas no chão, quebrando-as. Pegou o bezerro de ouro, queimou-o, transformou-o em pó e misturou o pó na água, fazendo o povo beber.

Moisés perguntou a Arão:

— Por que permitiu que fizessem isso?

Arão respondeu:

— Eles me pediram um deus, e fiz o bezerro.

Moisés orou a Deus, pedindo perdão, e Deus, em Sua bondade, poupou o povo.

Essa história nos ensina a confiar em Deus e nunca adorar imagens.

# A CONSTRUÇÃO DO TABERNÁCULO (ÊXODO 40)

No deserto, Deus pediu a Moisés para construir um lugar especial onde ele pudesse estar com o povo: o Tabernáculo. Esse lugar seria uma tenda sagrada, cheia de detalhes que mostrariam como Deus cuidava de todos.

Moisés seguiu as orientações de Deus e chamou os melhores artesãos para ajudar. Eles trabalharam duro, fazendo tudo com muito carinho. O Tabernáculo tinha paredes feitas de cortinas bonitas e coloridas, cheias de desenhos, e o teto era feito de tecidos fortes, para proteger todos do sol e da chuva.

Dentro do Tabernáculo, havia objetos muito importantes. Um deles era a arca da aliança, onde ficavam guardadas as tábuas com os Dez Mandamentos. Ela era toda revestida de ouro e tinha dois anjos esculpidos em cima, com as asas abertas, como se estivessem protegendo algo muito especial.

Além disso, Moisés colocou a mesa com pães, o candelabro de ouro com suas luzes e o altar de incenso. Tudo estava no lugar certo, conforme Deus havia mandado. No pátio, bem na entrada, havia um altar grande para os sacrifícios e uma bacia de bronze, onde os sacerdotes lavavam as mãos antes de entrar.

Quando tudo ficou pronto, uma nuvem especial cobriu o Tabernáculo. Era o sinal de que Deus estava ali, cuidando de seu povo. Quando a nuvem se levantava, era hora de os israelitas desmontarem o Tabernáculo e seguirem viagem. Mas, quando a nuvem parava, eles sabiam que era o momento de montar a tenda de novo e descansar.

Assim, o povo sabia que Deus estava sempre com eles, guiando-os pelo deserto e mostrando o caminho certo a seguir.

# JOSUÉ E OS ESPIÕES EM CANAÃ (NÚMEROS 13)

Um dia, o Senhor disse a Moisés para enviar doze homens corajosos, um de cada tribo de Israel, para espiar a terra de Canaã. Aquela era a terra que Deus havia prometido dar ao Seu povo. Então, Moisés chamou os doze homens e lhes deu uma missão muito especial:

— Vão até Canaã e olhem bem a terra. Vejam se é boa para plantar e viver. Observem as cidades e como são as pessoas. E tragam frutos da terra para que todos possamos ver.

Entre esses homens estava Josué, um dos líderes do povo. Ele e os outros espiões partiram, viajando por muitos dias. Eles viram que Canaã era uma terra bonita, cheia de colinas, árvores e plantações. Pegaram cachos enormes de uvas, tão pesados que precisavam de dois homens para carregá-los! E também trouxeram romãs e figos.

Depois de quarenta dias explorando a terra, os espiões voltaram ao acampamento de Israel. Todos estavam curiosos para ouvir o que eles tinham a dizer. Então, começaram a contar:

— A terra é boa! É uma terra cheia de leite e mel! - disseram, mostrando os frutos que trouxeram.

Mas alguns espiões estavam com medo e disseram:

— As cidades são grandes e fortificadas! E as pessoas que vivem lá são muito fortes e altas, como gigantes! Nós não podemos derrotá-los.

Ouvindo isso, o povo começou a ficar assustado e murmurou contra Moisés. Mas Josué e Calebe, outro dos espiões, ficaram firmes e disseram:

— Não tenham medo! O Senhor está conosco! Se Ele prometeu que nos dará a terra, então podemos confiar. Vamos entrar e tomar posse dela!

Mesmo assim, o povo hesitou, e essa escolha teria grandes consequências para eles.

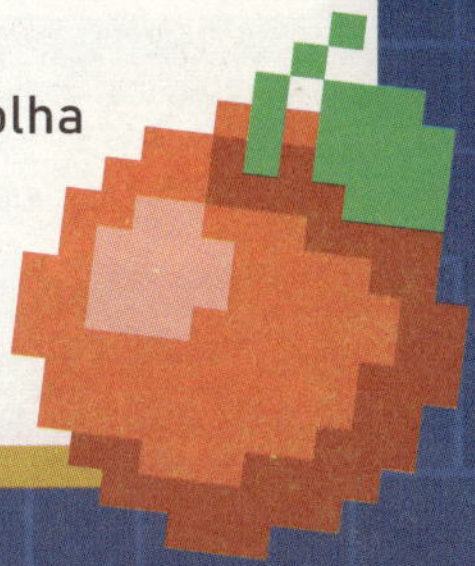

# A SERPENTE DE BRONZE (NÚMEROS 21)

Os israelitas estavam viajando pelo deserto há muito tempo, indo em direção à terra que Deus prometeu a eles. Mas, com o passar dos dias, começaram a ficar cansados e impacientes. Alguns reclamavam:

— Por que Moisés nos trouxe para o deserto? Aqui não tem comida nem água! Estamos cansados desse pão!

Eles estavam se referindo ao maná, o pão especial que Deus enviava do céu todos os dias para alimentá-los. Mesmo sendo um milagre, o povo já não estava mais contente.

Por causa das reclamações e da falta de confiança em Deus, algo terrível aconteceu. Cobras venenosas apareceram no acampamento e começaram a picar as pessoas. Muitos ficaram muito doentes, e alguns até morreram. Então, o povo percebeu que tinha errado e foi até Moisés:

— Pecamos contra o Senhor e contra você! - disseram, arrependidos.

— Ore para que Deus tire essas cobras de nós!

Moisés ouviu o pedido do povo e orou a Deus, pedindo ajuda. E Deus respondeu:

— Faça uma serpente de bronze e coloque-a no alto de um poste. Quem for picado e olhar para a serpente de bronze será curado.

Moisés fez exatamente como Deus mandou. Ele construiu uma serpente de bronze e a colocou no alto de um poste, onde todos pudessem vê-la. Quando alguém era picado, bastava olhar para a serpente de bronze, e imediatamente ficava curado.

O povo de Israel aprendeu uma grande lição naquele dia: sempre confiar em Deus e em Seus cuidados, mesmo nos momentos difíceis.

# A TRAVESSIA DO JORDÃO (JOSUÉ 3)

O povo de Israel estava pronto para entrar na terra que Deus havia prometido. Mas, para isso, eles precisavam atravessar um grande rio, o rio Jordão. Deus tinha um plano para ajudá-los.

Josué, o novo líder do povo, disse a todos para se prepararem. Eles arrumaram suas coisas e ficaram prontos para seguir os sacerdotes, que carregavam a Arca da Aliança, o símbolo da presença de Deus com eles.

Josué disse ao povo:

— Quando vocês virem os sacerdotes com a Arca da Aliança se moverem, sigam-nos! Mas fiquem a uma boa distância deles.

Deus falou com Josué e disse:

— Hoje eu vou mostrar a todos que estou com você, assim como estive com Moisés. Diga aos sacerdotes que carregam a Arca para entrarem no rio Jordão.

Quando os sacerdotes chegaram à beira do rio e colocaram os pés na água, algo incrível aconteceu! O rio parou de correr e as águas se acumularam de um lado, como se houvesse uma barreira invisível. O chão ficou seco, e o povo pôde atravessar sem se molhar.

Enquanto todos passavam, os sacerdotes ficaram no meio do rio, segurando a Arca da Aliança. Assim que o último israelita chegou do outro lado, Deus mandou que os sacerdotes saíssem do rio. E, assim que eles saíram, as águas voltaram a correr como antes.

Deus pediu que Josué escolhesse doze homens, um de cada tribo de Israel, para pegarem doze pedras do fundo do rio. Eles as levariam até o acampamento para lembrar para sempre do milagre que Deus fez no Jordão. Quando as crianças perguntassem no futuro o que significavam aquelas pedras, os pais responderiam: — Essas pedras nos lembram de como Deus parou o rio Jordão para que pudéssemos atravessar em segurança.

# A QUEDA DAS MURALHAS DE JERICÓ (JOSUÉ 6)

Em uma terra chamada Jericó, uma cidade com grandes muralhas que pareciam impossíveis de derrubar, o povo de Israel estava acampado do lado de fora, esperando o momento certo para entrar na cidade. Josué, o líder do povo, estava atento às instruções que Deus havia dado a ele.

Deus disse a Josué:

— Eu já entreguei Jericó nas suas mãos! Aqui está o plano: todos os soldados devem marchar em volta da cidade, uma vez por dia, durante seis dias. Na frente, colocarão sete sacerdotes carregando trombetas, e atrás deles, a arca da aliança.

E assim fizeram. Durante seis dias, o povo marchou em silêncio, com os sacerdotes tocando as trombetas, mas sem atacar a cidade. As muralhas continuavam lá, firmes e altas, mas Josué sabia que algo incrível estava para acontecer.

No sétimo dia, Josué falou ao povo:

— Hoje vamos marchar ao redor da cidade sete vezes. E, quando ouvirem o som longo das trombetas, gritem bem alto!

O povo obedeceu. Quando deram a sétima volta, os sacerdotes tocaram suas trombetas com todas as suas forças. Então Josué gritou:

— Gritem, porque o Senhor deu a cidade para nós!

E o povo gritou bem alto, tão alto que as muralhas de Jericó começaram a tremer e, de repente, desabaram completamente! Todos ficaram maravilhados. Os israelitas correram para dentro da cidade e a conquistaram, exatamente como Deus havia prometido.

Foi um dia de grande vitória, e o povo de Israel soube que, com Deus ao lado deles, nada era impossível.

# A VITÓRIA DE GIDEÃO (JUÍZES 7)

O povo de Israel estava enfrentando um grande problema: os midianitas, um povo muito forte, estavam roubando suas colheitas e causando muito sofrimento. Gideão foi escolhido por Deus para liderar o povo e libertá-los dessa situação.

Deus disse a Gideão:

— Eu estarei com você, e você vencerá os midianitas, mas não com um grande exército. Eu quero que você leve apenas poucos homens, para que todos saibam que foi o Senhor quem deu a vitória.

Gideão começou com 32 mil homens prontos para a batalha, mas Deus disse:

— É muita gente! Quem estiver com medo pode ir para casa.

Então, 22 mil homens foram embora, e restaram apenas 10 mil. Mesmo assim, Deus falou:

— Ainda é muita gente. Leve-os ao rio e observe como bebem água. Apenas os que beberem de uma maneira especial irão com você.

Gideão obedeceu e, no final, sobraram apenas 300 homens! Com esse pequeno grupo, Gideão foi enfrentar um exército enorme.

Naquela noite, Deus disse a Gideão:

— Agora é a hora! Leve seus homens e ataque o acampamento dos midianitas. Eu entreguei eles nas suas mãos.

Gideão distribuiu tochas, jarros e trombetas aos seus 300 guerreiros. Quando chegaram perto do acampamento inimigo, ele deu a ordem:

— Quebrem os jarros, levantem as tochas e toquem as trombetas!

Os midianitas, assustados com o barulho e a luz, ficaram completamente confusos. Eles começaram a fugir e até a lutar entre si, sem entender o que estava acontecendo.

Assim, com apenas 300 homens, Deus deu a vitória a Gideão e ao povo de Israel. Todos souberam que a força de Deus era muito maior do que a de qualquer exército!

# SANSÃO E DALILA (JUÍZES 16)

Sansão era o homem mais forte do mundo! Desde o nascimento, ele foi escolhido por Deus para ajudar o povo de Israel. Sua força vinha de uma promessa especial: ele nunca poderia cortar o cabelo. Enquanto seu cabelo estivesse intacto, Sansão teria uma força incrível, que ninguém poderia vencer!

Os inimigos de Israel, os filisteus, morriam de medo dele. Tentaram várias vezes derrotá-lo, mas Sansão sempre saía vitorioso. Um dia, ele conheceu Dalila, uma mulher muito esperta. Os líderes dos filisteus tiveram uma ideia.

— Dalila, descubra o segredo da força de Sansão - pediram a ela. — Se fizer isso, lhe daremos muito dinheiro!

Dalila começou a perguntar:

— Qual é o segredo da sua força?

Sansão respondeu brincando:

— Se me amarrarem com cordas novas, perco minha força.

Dalila tentou, mas Sansão quebrou as cordas como se fossem fios de linha! Mesmo assim, ela não desistiu:

— Por favor, me diga o verdadeiro segredo!

Depois de muita insistência, Sansão contou:

— Minha força está no meu cabelo. Se o cortarem, ficarei fraco como qualquer outro homem.

Naquela noite, enquanto ele dormia, Dalila cortou seu cabelo. Quando acordou, os filisteus o prenderam. Sansão havia perdido sua força. Feito prisioneiro, ele orou:

— Senhor, dá-me força mais uma vez!

Deus o ouviu. Sansão empurrou as colunas do templo dos filisteus, e o templo desabou. Assim, Sansão provou que Deus sempre está conosco!

# RUTE E BOAZ (RUTE 2-4)

Uma jovem chamada Rute havia perdido seu marido e vivia com sua sogra, Noemi. Elas eram muito amigas e cuidavam uma da outra. Noemi era israelita e havia decidido voltar para sua terra natal, Belém. Mesmo sendo de um país diferente, Rute disse a Noemi:

— Onde você for, eu irei. Seu povo será o meu povo, e seu Deus será o meu Deus.

Quando chegaram a Belém, Rute sabia que precisava encontrar uma maneira de conseguir comida para elas. Então, ela foi até um campo para colher espigas de trigo que sobravam, como era costume para ajudar os mais pobres. O campo pertencia a um homem chamado Boaz, que era um parente distante de Noemi.

Boaz era um homem bondoso e, ao ver Rute, ficou impressionado com a dedicação que ela tinha por Noemi. Ele disse aos trabalhadores:

— Deixem que Rute colha o quanto precisar e cuidem para que ela fique segura.

Boaz também falou diretamente com Rute:

— Ouvi falar de como você tem cuidado de Noemi. Que o Senhor recompense você por sua bondade!

Rute voltou para casa com muita comida e contou a Noemi sobre Boaz. Noemi ficou feliz, pois sabia que Boaz era um bom homem. Ela então aconselhou Rute a continuar trabalhando nos campos de Boaz.

Com o tempo, Boaz e Rute se aproximaram. Noemi percebeu que Boaz poderia ser o "resgatador", alguém que, segundo a tradição, poderia casar-se com Rute e cuidar delas. Rute, seguindo o conselho de Noemi, pediu que Boaz a protegesse e fosse seu resgatador.

Boaz ficou muito contente e disse:

— Eu farei tudo o que for preciso para cuidar de você, Rute.

Ele tomou todas as providências necessárias e, pouco tempo depois, Boaz e Rute se casaram. Eles viveram felizes, e Deus os abençoou com um filho chamado Obede, que mais tarde se tornou o avô do rei Davi, mostrando que Deus tem planos especiais para cada um de nós.

# O NASCIMENTO DE SAMUEL (1 SAMUEL 1)

Havia uma mulher chamada Ana que queria muito ter um filho, mas ela não conseguia. Isso a deixava muito triste, e ela orava a Deus pedindo que ele lhe desse um bebê. Todos os anos, Ana e seu marido Elcana iam ao templo para adorar e oferecer sacrifícios. Um dia, enquanto estavam lá, Ana fez uma oração muito especial.

— Senhor dos Exércitos - disse Ana —, se tu me deres um filho, prometo que ele será dedicado a ti por toda a vida.

Ana estava tão concentrada em sua oração que o sacerdote Eli, que estava no templo, pensou que algo estava errado e perguntou:

— Você está bem?

Ana respondeu:

— Estou orando ao Senhor com todo o meu coração porque estou muito triste.

Eli, então, disse:

— Vá em paz, e que o Deus de Israel atenda ao seu pedido.

Ana acreditou nas palavras de Eli e voltou para casa com esperança no coração. E, algum tempo depois, Deus ouviu sua oração e ela teve um filho! Ela o chamou de Samuel, que significa "pedido ao Senhor".

Ana ficou muito feliz e nunca se esqueceu da promessa que havia feito. Quando Samuel ainda era bem pequeno, ela o levou ao templo e disse a Eli:

— Este é o menino pelo qual orei. Agora eu o entrego ao Senhor para que ele sirva a Deus por toda a sua vida.

E assim, Samuel cresceu no templo, servindo ao Senhor e aprendendo a ser um grande homem de Deus. Ele se tornaria um dos maiores profetas de Israel, mostrando que Deus sempre ouve nossas orações e cumpre suas promessas, mesmo quando parece impossível.

# DEUS CHAMA SAMUEL (1 SAMUEL 3)

Samuel era um menino que vivia no templo, ajudando o sacerdote Eli. Ele gostava de estar ali, mas ainda não sabia que Deus tinha um plano especial para ele. Certa noite, enquanto dormia, ouviu uma voz chamando:

— Samuel! Samuel!

Assustado, ele correu até Eli, pensando que era o sacerdote quem o chamava.

— Aqui estou! – disse Samuel.

Eli, surpreso, respondeu:

— Eu não chamei você. Volte a dormir.

Samuel obedeceu e voltou para sua cama. Porém, novamente ouviu a voz:

— Samuel! Samuel!

Mais uma vez, ele correu até Eli.

— O senhor me chamou? – perguntou.

Eli balançou a cabeça:

— Não, meu filho. Volte a dormir.

Pela terceira vez, Samuel ouviu a mesma voz:

— Samuel! Samuel!

Ele foi até Eli novamente. Desta vez, Eli percebeu que era Deus quem estava chamando o menino. Então, disse:

— Se ouvir a voz de novo, diga: "Fala, Senhor, porque o teu servo está ouvindo".

Samuel fez o que Eli disse. Quando a voz chamou novamente, ele respondeu:

— Fala, Senhor, porque o teu servo está ouvindo.

Então, Deus começou a falar com Samuel, contando sobre o que aconteceria com Israel. A partir daquele dia, Samuel soube que Deus o havia escolhido para ser um grande profeta.

Assim, Samuel cresceu ouvindo a voz de Deus e foi obediente, tornando-se conhecido como um homem de Deus.

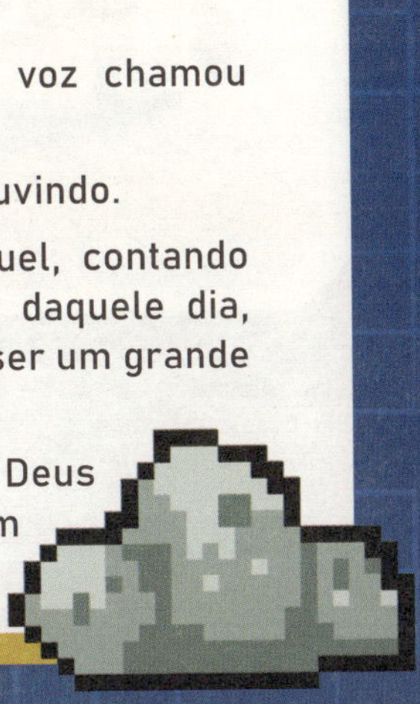

# A ARCA DA ALIANÇA É DEVOLVIDA (1 SAMUEL 6)

A arca da aliança, que era o objeto mais sagrado para o povo de Israel, havia sido capturada pelos filisteus durante uma batalha. Eles achavam que, com a arca, teriam mais poder, mas logo perceberam que tinham cometido um grande erro.

Onde quer que a arca estivesse, coisas estranhas aconteciam. Na cidade de Asdode, os filisteus colocaram a arca no templo do Deus Dagom, mas no dia seguinte, a estátua de Dagom estava caída no chão, diante da arca. Eles levantaram a estátua, mas no dia seguinte, ela havia caído novamente e estava quebrada.

Além disso, uma doença misteriosa começou a se espalhar entre as pessoas. Os filisteus ficaram com medo e decidiram mover a arca para outra cidade. Mas onde quer que a arca fosse, o povo daquela cidade também ficava doente. Desesperados, os filisteus entenderam que a arca não podia ficar com eles.

— Precisamos devolver a arca para os israelitas! - disseram os líderes dos filisteus.

Então, eles chamaram seus sábios e perguntaram o que deveriam fazer. Os sábios sugeriram que enviassem a arca de volta com uma oferta, para pedir perdão a Deus. Eles colocaram a arca em um carro de bois, junto com presentes de ouro, e deixaram que os bois seguissem o caminho sozinhos.

Os bois, guiados por Deus, seguiram diretamente para a cidade de Bet-Semes, onde os israelitas trabalhavam no campo. Quando o povo viu a arca se aproximando, ficaram cheios de alegria! Eles imediatamente tiraram a arca do carro e ofereceram sacrifícios de gratidão a Deus.

A arca da aliança, finalmente, estava de volta ao seu lugar entre o povo de Israel. Todos souberam que Deus era poderoso e que a arca deveria ser respeitada, pois representava a presença dele entre o povo.

# SAMUEL UNGE O REI SAUL (1 SAMUEL 9-10)

Em Israel, o povo começou a pedir por um rei para governá-los, como os outros países tinham. Deus ouviu o pedido deles e disse ao profeta Samuel que ele escolheria um rei para o povo. Esse rei seria um homem chamado Saul.

Saul era um jovem alto e forte, que vinha de uma família humilde. Um dia, ele saiu de casa para procurar as jumentas de seu pai que haviam se perdido. Depois de procurar por muito tempo sem sucesso, Saul e seu servo decidiram procurar ajuda. O servo sugeriu que fossem falar com Samuel, o profeta, pois ele sabia muitas coisas e poderia ajudá-los.

Quando Saul chegou até Samuel, Deus já havia falado ao profeta que aquele jovem seria o rei de Israel. Samuel recebeu Saul com muita alegria e disse:

— Não se preocupe com as jumentas. Elas já foram encontradas. Agora, você deve se preparar para algo muito maior!

Saul ficou surpreso e sem entender, mas Samuel o convidou para uma refeição especial e tratou-o com muita honra. Na manhã seguinte, Samuel chamou Saul de lado e disse:

— O Senhor escolheu você para ser o rei sobre o povo de Israel.

Então, Samuel derramou óleo na cabeça de Saul, uma tradição que simbolizava que ele estava sendo escolhido por Deus. Depois, Samuel disse:

— O espírito de Deus virá sobre você, e você será um novo homem. E quando isso acontecer, você saberá que Deus está com você para governar Israel.

Assim, tudo aconteceu conforme Samuel havia falado. Saul sentiu o espírito de Deus sobre ele e começou a agir com sabedoria e coragem. Quando o povo de Israel se reuniu, Samuel apresentou Saul como o novo rei e disse:

— Aqui está o rei que o Senhor escolheu para vocês!

O povo gritou de alegria, e assim começou o reinado de Saul, o primeiro rei de Israel, escolhido por Deus através do profeta Samuel.

# DAVI É UNGIDO REI (1 SAMUEL 16)

Depois que o rei Saul desobedeceu a Deus, o Senhor decidiu escolher um novo rei para Israel. Ele mandou o profeta Samuel até a casa de um homem chamado Jessé, na cidade de Belém. Deus havia dito que um dos filhos de Jessé seria o próximo rei.

Quando Samuel chegou, ele pediu para ver os filhos de Jessé. O primeiro a aparecer foi Eliabe, um rapaz forte e alto. Samuel pensou: "Este deve ser o escolhido do Senhor!" Mas Deus disse a Samuel:

— Não olhe para a aparência ou a altura dele. Eu não o escolhi. Eu vejo o coração, e não o exterior.

Um por um, os filhos de Jessé passaram diante de Samuel, mas Deus não escolheu nenhum deles. Então, Samuel perguntou a Jessé:

— Estes são todos os seus filhos?

Jessé respondeu:

— Ainda falta o mais novo, Davi. Ele está cuidando das ovelhas.

Samuel pediu que chamassem Davi. Quando Davi chegou, ele era apenas um jovem, com um coração puro e cheio de bondade. Assim que Samuel o viu, Deus disse:

— É este! Unja-o, pois ele será o próximo rei de Israel.

Então, Samuel pegou um chifre cheio de óleo e derramou sobre a cabeça de Davi, ungindo-o como rei. Naquele momento, o espírito de Deus veio poderosamente sobre Davi. Ele não se tornou rei imediatamente, mas, a partir daquele dia, Deus começou a preparar o coração de Davi para liderar o povo de Israel.

Davi continuou cuidando das ovelhas de seu pai, mas agora ele sabia que Deus tinha um plano especial para sua vida. Ele seria o futuro rei de Israel, escolhido por Deus por causa de seu coração cheio de amor e obediência.

# DAVI E GOLIAS
# (1 SAMUEL 17)

Os israelitas estavam enfrentando um exército poderoso chamado filisteus, e entre eles havia um gigante chamado Golias. Ele era tão grande e forte que todos tinham medo dele. Golias gritava todos os dias:

— Escolham alguém para lutar comigo! Se ele vencer, seremos seus servos, mas, se eu vencer, vocês serão nossos servos!

O exército de Israel estava apavorado, e ninguém queria enfrentá-lo. Mas havia um jovem chamado Davi, pastor de ovelhas e o filho mais novo de Jessé. Um dia, Davi foi ao acampamento do exército para levar comida aos seus irmãos, que eram soldados. Quando chegou, ouviu o desafio de Golias e ficou indignado. O menino perguntou:

— Quem é este gigante que ousa desafiar o exército do Deus vivo?

Davi decidiu lutar contra Golias. O rei Saul, ao saber disso, chamou Davi e disse:

— Mas você é apenas um jovem! Como vai lutar contra um guerreiro tão forte?

Davi respondeu com confiança:

— O Senhor, que me livrou do leão e do urso quando eu cuidava das ovelhas, me livrará também deste gigante!

Davi foi para a batalha sem armadura e espada, apenas com uma funda e cinco pedras. Quando Golias viu Davi, zombou:

— Você acha que sou um cachorro para vir com paus e pedras?

Davi respondeu:

— Você vem com espada, mas eu vou em nome do Senhor dos Exércitos! Hoje, ele entregará você em minhas mãos!

Davi lançou uma pedra, que acertou a testa de Golias. O gigante caiu no chão, e com apenas uma pedra, Davi derrotou o gigante e salvou Israel. Assim, ele mostrou que, com Deus, até os menores podem vencer os maiores desafios!

# SALOMÃO PEDE SABEDORIA (1 REIS 3)

Certa noite, enquanto Salomão dormia, Deus lhe apareceu em um sonho. Ele disse ao rei:

— Salomão, peça o que você quiser, e eu lhe darei!

Salomão ficou muito emocionado, mas sabia que tinha uma grande responsabilidade. Ele havia herdado o trono de seu pai, Davi, e agora precisava cuidar de todo o povo de Israel. Ele pensou em tudo o que precisava para ser um bom rei e respondeu com humildade:

— Senhor, meu Deus, sou apenas um jovem e não sei como governar. O povo que o Senhor me deu é muito grande, e eu preciso de ajuda para tomar decisões justas. Por isso, peço que me dê sabedoria para saber a diferença entre o bem e o mal e para governar bem o seu povo.

Deus ficou muito contente com o pedido de Salomão. Ele não havia pedido riqueza, nem a derrota de seus inimigos, nem uma vida longa. Em vez disso, Salomão pediu algo que mostrava seu grande coração: sabedoria para cuidar do povo.

Então, Deus disse:

— Porque você pediu sabedoria, e não riquezas ou poder, vou lhe dar o que você deseja. Farei de você o homem mais sábio de todos. E, além disso, darei riquezas e honra como nenhum outro rei já teve. Se você seguir os meus caminhos e obedecer às minhas leis, darei também uma vida longa.

Quando acordou, Salomão entendeu que Deus havia falado com ele. A partir daquele dia, o rei se tornou famoso por sua sabedoria e tomou decisões que ajudaram o povo de Israel a viver em paz e prosperidade.

# O JULGAMENTO DE SALOMÃO (1 REIS 3:16-28)

Duas mulheres foram até o rei Salomão com um grande problema. Ambas moravam juntas e haviam tido bebês recentemente, mas uma das crianças havia morrido durante a noite. Cada uma delas dizia que o bebê vivo era seu. A outra mulher afirmava que a outra trocara os bebês.

Salomão, conhecido por sua sabedoria, ouviu com atenção o que as duas diziam. Ele percebeu que seria difícil saber quem estava falando a verdade apenas pelas palavras delas. Então, teve uma ideia surpreendente.

Ele olhou para um de seus servos e ordenou:

— Tragam-me uma espada! Vamos cortar o bebê ao meio e dar uma parte para cada uma.

As pessoas na sala ficaram em choque. As duas mulheres reagiram de maneiras bem diferentes. A primeira gritou, desesperada:

— Não, meu senhor! Por favor, não machuque o bebê! Dê a criança para ela, mas não o mate!

A segunda, por outro lado, disse friamente:

— Nem para mim, nem para ela. Que seja dividido.

Salomão, então, entendeu quem era a verdadeira mãe. Com um sorriso no rosto, ele declarou:

— Não matem a criança. Dê o bebê à primeira mulher. Ela é a mãe verdadeira, pois prefere ver seu filho nas mãos de outra pessoa a vê-lo morto.

Todos que estavam presentes ficaram maravilhados com a sabedoria do rei. A notícia sobre esse julgamento se espalhou por todo o reino, e o povo passou a respeitar ainda mais o rei Salomão, sabendo que Deus havia dado a ele uma sabedoria especial para governar Israel.

# ELIAS É ALIMENTADO PELOS CORVOS (1 REIS 17)

Elias era um profeta de Deus e sempre fazia o que ele mandava. Um dia, Deus falou com Elias:

— Vai para o riacho de Querite e fica lá escondido. Eu vou cuidar de você.

Elias obedeceu e foi para o riacho. O lugar era silencioso e calmo, com água fresquinha correndo. Mas como Elias ia se alimentar naquele lugar tão deserto?

Deus, que sempre cuida dos Seus filhos, fez algo incrível. Ele enviou corvos, grandes pássaros-pretos, para levar comida para Elias todos os dias! De manhã e à noite, os corvos traziam pão e carne para o profeta. Elias comia e bebia a água do riacho. Assim, Deus o manteve forte e saudável.

— Que maravilha! Deus sempre cuida de mim - pensava Elias, agradecido.

Os dias se passaram, mas a terra continuava seca. Não chovia, e o riacho começou a ficar cada vez menor. Até que um dia, a água secou por completo.

Então, Deus falou novamente com Elias:

— Levante-se e vá para a cidade de Sarepta. Lá, você encontrará uma mulher que vai lhe dar comida e abrigo.

Elias, mais uma vez, obedeceu. Ele sabia que, mesmo quando as coisas pareciam difíceis, Deus sempre tinha um plano e cuidava dele de maneiras surpreendentes.

Com isso, Elias aprendeu que Deus sempre provê o que precisamos, mesmo nos momentos mais difíceis. E você, sabia que Deus também cuida de você assim?

# ELIAS E OS PROFETAS DE BAAL (1 REIS 18)

O povo de Israel estava adorando um falso deus chamado Baal. Isso deixava Elias muito triste, pois eles tinham se esquecido do verdadeiro Deus. Então, Elias decidiu mostrar ao povo quem era o Deus verdadeiro.

Ele subiu ao Monte Carmelo e chamou todos os profetas de Baal. Eram muitos: 450 ao todo! Elias disse:

— Vamos fazer um desafio. Cada um de nós vai preparar um altar com madeira e um sacrifício. Mas não vamos colocar fogo. O deus que responder com fogo é o deus verdadeiro.

Os profetas de Baal concordaram. Eles fizeram um grande altar, colocaram a madeira e o sacrifício em cima e começaram a orar.

— Baal, nos ouça! Mande fogo! – gritavam.

Eles gritaram e pularam ao redor do altar o dia todo, mas nada aconteceu. Baal não respondeu, porque ele não era um deus de verdade.

Elias, então, disse:

— Agora é a minha vez.

Ele preparou o altar do Senhor, colocou a madeira e o sacrifício. Mas, para mostrar ainda mais o poder de Deus, Elias fez algo incrível: mandou derramar muita água sobre o altar até tudo ficar encharcado. A água escorria para todos os lados.

Então, Elias orou:

— Ó Senhor, mostre ao povo que só Tu és Deus.

De repente, um grande fogo desceu do céu e queimou tudo! A madeira, o sacrifício, até a água foi consumida! O povo ficou assustado e maravilhado.

— O Senhor é o Deus verdadeiro! – gritaram todos, se ajoelhando.

Elias ficou feliz, pois o povo finalmente entendeu quem era o Deus verdadeiro.

# ELISEU MULTIPLICA O AZEITE DA VIÚVA (2 REIS 4)

Certa vez, uma viúva procurou Eliseu, o homem de Deus, com o coração cheio de tristeza. Seu marido havia morrido, e ela estava endividada. Os credores estavam ameaçando levar seus dois filhos como escravos para pagar a dívida. Desesperada, ela contou a Eliseu sua situação.

— O que você tem em casa? - perguntou Eliseu.

A viúva olhou ao redor e respondeu:

— Não tenho nada, a não ser um pouco de azeite em uma vasilha.

Eliseu, então, disse com firmeza:

— Vá e peça emprestadas vasilhas vazias a todos os seus vizinhos. Não poucas, mas muitas! Depois, entre em casa com seus filhos, feche a porta e comece a encher as vasilhas com o azeite que você tem. Quando uma vasilha estiver cheia, coloque-a de lado.

A viúva fez exatamente o que Eliseu mandou. Saiu pelas casas dos vizinhos, pedindo vasilhas vazias. Quando voltou, entrou em casa com seus filhos, fechou a porta e começou a derramar o azeite. Para sua surpresa, o azeite continuava fluindo, e cada vasilha que seus filhos traziam ficava cheia.

# ESTER É CORODADA RAINHA (ESTER 2)

Havia, no reino da Pérsia, um rei chamado Assuero. Ele governava com muita força e decidiu fazer uma grande festa. No meio da comemoração, o rei pediu que a rainha Vasti viesse para se apresentar aos convidados. Mas Vasti não quis ir, o que deixou o rei muito bravo. Ele decidiu que precisava de uma nova rainha.

Então, os servos do rei tiveram uma ideia: escolher as moças mais bonitas do reino para que o rei pudesse escolher uma delas como rainha. Entre essas moças estava Ester, uma jovem muito bonita e bondosa, criada por seu primo Mardoqueu, porque seus pais tinham falecido.

Ester era diferente das outras moças. Ela era humilde e tinha um coração bom. O responsável pelo palácio gostou tanto de Ester que a tratou com muito carinho e a ajudou a se preparar para o encontro com o rei. Quando chegou o dia, Ester se apresentou diante de Assuero.

O rei, assim que viu Ester, ficou encantado. Ela não só era linda, mas também tinha um brilho especial. O rei Assuero não teve dúvidas: ele a escolheu para ser a nova rainha.

Ester passou a morar no palácio e foi coroada com grande alegria. Mardoqueu, que a amava como uma filha, ficou muito feliz por ela. Mas Ester guardava um segredo importante: ela era do povo judeu, e Mardoqueu a aconselhou a não contar isso a ninguém por enquanto.

Assim, Ester, a moça simples e bondosa, tornou-se rainha, escolhida pelo rei para estar ao seu lado.

# ESTER DEFENDE O POVO JUDEU (ESTER 4-8)

Ester, agora rainha, vivia no palácio do rei Assuero, mas algo muito triste estava para acontecer. Um homem malvado chamado Hamã, que era muito poderoso no reino, fez um plano terrível para destruir todo o povo judeu. Ele não gostava dos judeus porque Mardoqueu, o primo de Ester, recusava-se se curvar diante dele.

Hamã conseguiu convencer o rei a assinar uma lei que permitia que todos os judeus fossem atacados. Quando Mardoqueu soube do plano, ficou muito preocupado e enviou uma mensagem a Ester, pedindo sua ajuda:

— Ester, você precisa falar com o rei e defender o nosso povo! Se não fizer isso, todos os judeus serão destruídos!

Ester ficou com medo, pois sabia que ninguém podia se aproximar do rei sem ser chamado. Quem fizesse isso corria o risco de ser morto. Mas Mardoqueu respondeu:

— Quem sabe você não se tornou rainha justamente para salvar o nosso povo?

Ester então tomou uma decisão corajosa. Pediu que todos os judeus jejuassem e orassem por ela durante três dias. Depois disso, ela vestiu suas roupas mais bonitas e foi falar com o rei. Quando Assuero a viu, estendeu seu cetro de ouro, sinalizando que ela podia se aproximar.

— O que deseja, rainha Ester? — perguntou o rei.

Ester convidou o rei e Hamã para um banquete. Durante a refeição, ela revelou o terrível plano de Hamã e contou que ela também era judia. O rei ficou furioso ao descobrir a maldade de Hamã e ordenou que ele fosse punido.

Assim, graças à coragem de Ester, o povo judeu foi salvo. O rei ainda deu permissão para que os judeus se defendessem, e o mal que Hamã havia planejado contra eles não aconteceu. Ester, com seu coração valente, havia protegido seu povo.

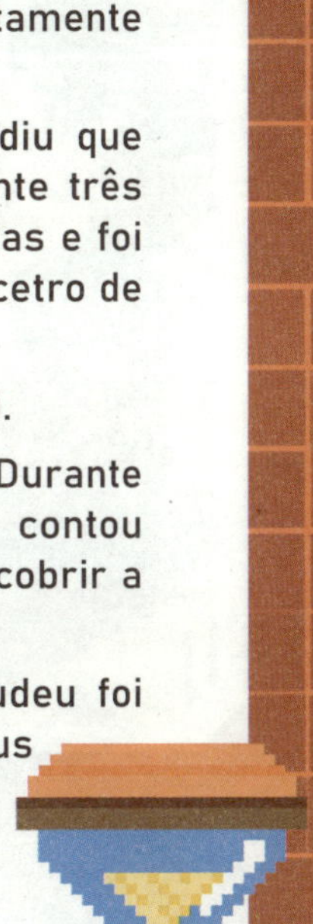

# HISTÓRIA DE JÓ (JÓ 1–17)

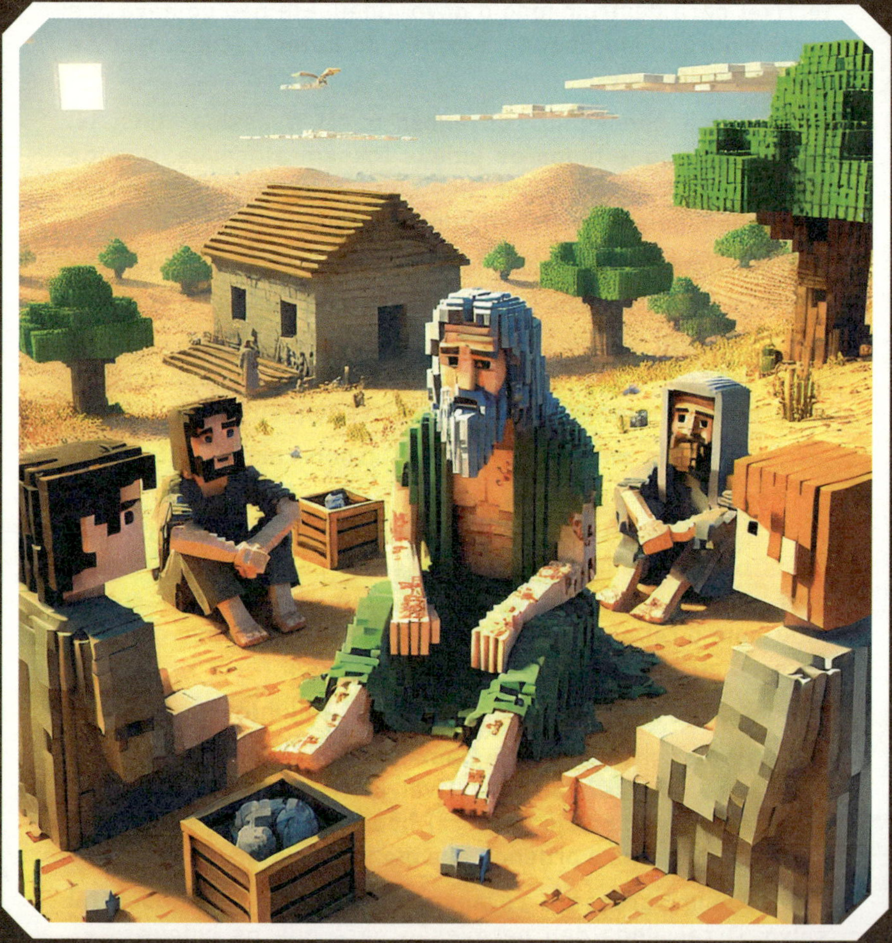

Era uma vez um homem chamado Jó. Ele vivia em uma terra chamada Uz e era conhecido por ser muito bom, sempre obedecendo a Deus. Jó era rico, tinha muitos animais, servos e uma linda família. Ele amava muito seus filhos e orava por eles todos os dias, pedindo a Deus que os protegesse.

Um dia, lá no céu, Deus falou sobre Jó com satanás. Deus disse:

— Viu como Jó é fiel a mim? Ele é bom e justo.

Mas satanás respondeu:

— Claro que ele é fiel, o Senhor deu tudo a ele! Deixe-me tirar suas riquezas e seus filhos, e vamos ver se ele ainda te ama!

Deus confiava em Jó e permitiu que satanás o testasse, mas disse que não poderia machucá-lo. Então, satanás começou a destruir tudo o que Jó tinha. Primeiro, seus animais foram levados, depois seus servos e, por último, todos os seus filhos morreram. Mesmo assim, Jó não reclamou. Ele disse:

— Deus me deu tudo, e agora Ele tirou. Louvado seja o nome do Senhor.

Satanás, então, pediu para tirar a saúde de Jó. Deus permitiu, mas disse que não poderia tirar sua vida. Assim, Jó ficou muito doente, com feridas doloridas por todo o corpo. Ele sofria muito, mas não culpava Deus.

Os amigos de Jó vieram visitá-lo. Eles achavam que Jó tinha feito algo errado e que, por isso, estava sofrendo. Eles disseram:

— Jó, você deve ter pecado contra Deus. Peça perdão e ele te curará.

Mas Jó, mesmo triste, respondeu:

— Eu não fiz nada de errado. Deus sabe de todas as coisas, e eu confio nele.

Mesmo sem entender por que estava sofrendo tanto, Jó continuava a confiar em Deus. Ele sabia que, no fim, Deus teria um plano para tudo aquilo.

E assim, a história de Jó ensina que, mesmo nas dificuldades, devemos confiar em Deus, pois ele sempre cuida de nós.

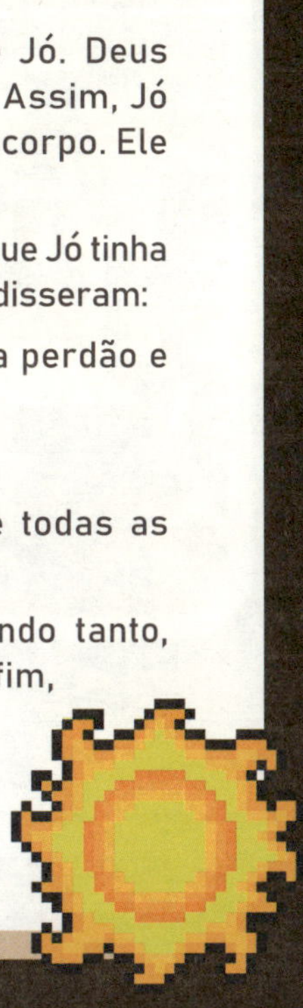

# O VALE DOS OSSOS SEÇOS (EZEQUIEL 37)

Ezequiel era um profeta que sempre obedecia ao que Deus lhe mandava fazer. Um dia, Deus o levou a um lugar muito estranho: era um vale cheio de ossos, e todos estavam secos e espalhados pelo chão.

Deus perguntou a Ezequiel:

— Filho do homem, será que esses ossos podem voltar à vida?

Ezequiel pensou um pouco e respondeu:

— Senhor, só tu sabes.

Então, Deus disse:

— Profetize a esses ossos e diga: "Ossos secos, ouçam a palavra do Senhor! Deus vai colocar carne e pele sobre vocês, e vocês terão vida de novo".

Ezequiel fez o que Deus mandou. Quando começou a falar, algo incrível aconteceu. Os ossos começaram a se mexer! Eles se juntaram, formando esqueletos, e logo apareceram músculos e pele cobrindo os corpos. Mas ainda faltava algo: eles não tinham vida.

Deus falou mais uma vez:

— Profetize ao vento, Ezequiel! Diga que o vento venha e sopre sobre esses corpos para que vivam.

Ezequiel obedeceu, e o vento soprou sobre os corpos. De repente, eles começaram a respirar e se levantaram! O vale que antes estava cheio de ossos secos agora estava repleto de pessoas vivas.

Deus explicou a Ezequiel o que tudo isso significava:

— Esses ossos são como o povo de Israel. Eles estavam tristes, achando que tudo estava perdido, como se estivessem mortos. Mas eu, o Senhor, darei vida a eles de novo. Vou tirá-los da tristeza e trazê-los de volta à sua terra. Eles saberão que eu sou o Senhor, porque cumpro minhas promessas.

E assim, Ezequiel entendeu que Deus é poderoso e pode trazer vida até ao que parece estar perdido.

# O SONHO DE NABUCODONOSOR (DANIEL 2)

O rei Nabucodonosor teve um sonho muito estranho. Ele acordou preocupado, mas não conseguia lembrar o que havia sonhado. Então, chamou seus sábios e adivinhos e disse:

— Tive um sonho e quero saber o que significa, mas vocês precisam me dizer o sonho primeiro!

Os sábios ficaram assustados e responderam:

— Majestade, ninguém pode contar o seu sonho sem que o senhor nos diga o que sonhou.

Isso deixou o rei furioso, e ele ordenou que todos os sábios fossem punidos. Entre eles estava Daniel, um jovem que confiava em Deus. Quando soube do que estava acontecendo, Daniel pediu tempo ao rei, pois sabia que só Deus poderia revelar o sonho e seu significado.

Daniel orou junto com seus amigos, pedindo a Deus sabedoria. E Deus respondeu à sua oração, mostrando a ele o sonho e o que ele significava. Daniel, então, foi até o rei e disse:

— Majestade, Deus revelou o seu sonho! O senhor viu uma grande estátua. A cabeça era de ouro, o peito e os braços de prata, o ventre e as coxas de bronze, as pernas de ferro e os pés uma mistura de ferro e barro. De repente, uma pedra foi cortada sem a ajuda de mãos humanas, e ela atingiu os pés da estátua, destruindo-a. A estátua se desfez, mas a pedra cresceu e se transformou em uma grande montanha, enchendo toda a Terra.

O rei estava impressionado, mas queria saber o que isso significava. Daniel explicou:

— A estátua representa diferentes reinos. O senhor é a cabeça de ouro, pois seu reino é muito poderoso. Depois virão outros reinos, cada um mais fraco que o anterior. Mas a pedra é o reino de Deus, que será eterno e nunca será destruído.

Nabucodonosor ficou tão maravilhado que se curvou diante de Daniel e disse:

— Verdadeiramente, o seu Deus é o Deus dos deuses e o Senhor dos reis!

Assim, Daniel foi honrado por sua sabedoria, pois confiava em Deus, que é o único que conhece todos os segredos.

# OS TRÊS JOVENS NA FORNALHA (DANIEL 3)

O rei Nabucodonosor mandou construir uma estátua enorme de ouro e ordenou que todos, ao som de música, se ajoelhassem e adorassem a estátua. Quem desobedecesse seria jogado em uma fornalha de fogo.

Três jovens hebreus, Sadraque, Mesaque e Abede-Nego, que serviam ao rei, sabiam que só deveriam adorar a Deus e, por isso, se recusaram a se curvar diante da estátua. Quando Nabucodonosor soube disso, ficou furioso e chamou os três.

— É verdade que vocês não adoraram a minha estátua? Se não fizerem isso agora, vou jogá-los na fornalha! E quero ver que deus pode salvá-los!

Os três jovens, com coragem, responderam:

— Não precisamos nos defender, ó rei. O nosso Deus é capaz de nos livrar do fogo, mas mesmo que Ele não o faça, nunca adoraremos a sua estátua.

Nabucodonosor ficou ainda mais bravo! Ele mandou aquecer a fornalha sete vezes mais do que o normal e jogou Sadraque, Mesaque e Abede-Nego no fogo. A fornalha estava tão quente que os soldados que se aproximaram acabaram morrendo com o calor. Mas, dentro da fornalha, algo incrível aconteceu.

O rei, surpreso, olhou para o fogo e perguntou:

— Não jogamos três homens na fornalha? Como é que vejo quatro? E o quarto parece um filho dos deuses!

Nabucodonosor se aproximou e gritou:

— Sadraque, Mesaque e Abede-Nego, saiam daí!

Quando os jovens saíram, todos ficaram espantados. Eles não tinham sofrido nenhum dano! Suas roupas não estavam queimadas, e nem cheiro de fumaça tinham. O rei, então, disse:

— Bendito seja o Deus de Sadraque, Mesaque e Abede-Nego! Ele enviou o seu anjo para salvá-los, pois confiaram nele e preferiram morrer a adorar outros deuses. Não há outro deus que possa livrar assim!

E, por causa da coragem dos três jovens, o rei decretou que todos deveriam respeitar o Deus verdadeiro.

# DANIEL E A COVA DOS LEÕES (DANIEL 6)

O rei Dario admirava muito Daniel, pois ele era sábio e honesto. Tão impressionado ficou, que decidiu colocá-lo como o responsável por todo o reino. Isso deixou os outros governadores e líderes com inveja. Eles tentaram encontrar alguma falha em Daniel, mas ele era fiel a Deus e cumpria todas as suas tarefas com perfeição.

Então, os líderes tiveram uma ideia maldosa: convenceram o rei a criar uma lei que dizia que, por trinta dias, ninguém poderia orar a outro deus ou homem, a não ser ao próprio rei. Quem desobedecesse seria jogado na cova dos leões. Sem perceber a armadilha, o rei Dario assinou a lei.

Daniel, porém, orava a Deus três vezes ao dia, como sempre fazia. Quando os homens invejosos o viram orando, correram para contar ao rei, que ficou triste, pois gostava de Daniel. Mas a lei não podia ser mudada.

— Daniel, seu Deus, a quem você serve com tanta fidelidade, te livrará - disse o rei, esperançoso, enquanto os guardas jogavam Daniel na cova cheia de leões famintos. Em seguida, o rei lacrou a entrada com uma grande pedra e passou a noite em claro, preocupado.

Na manhã seguinte, logo ao amanhecer, o rei correu até a cova.

— Daniel, servo do Deus vivo, será que o seu Deus o livrou dos leões? - gritou o rei, ansioso.

Para sua alegria, Daniel respondeu lá de dentro:

— O meu Deus enviou o seu anjo e fechou a boca dos leões! Eles não me fizeram mal, pois sou inocente diante de Deus e do rei.

O rei ficou muito feliz e ordenou que tirassem Daniel da cova. Depois, ele mandou prender os homens que haviam enganado o rei, e eles foram jogados na cova no lugar de Daniel.

Então, o rei Dario fez um novo decreto, declarando que todos deveriam respeitar e adorar o Deus de Daniel, pois ele era o único Deus verdadeiro que livra e salva.

# JONAS E O GRANDE PEIXE (JONAS 1-2)

Jonas era um profeta de Deus. Um dia, ele recebeu uma missão muito importante: deveria ir à cidade de Nínive e avisar as pessoas que, se elas não mudassem seus caminhos, Deus iria destruí-la. Mas Jonas não queria ir. Ele ficou com medo e decidiu fugir.

Então, Jonas embarcou em um navio que ia para uma cidade bem distante, chamada Társis. Enquanto ele dormia lá dentro, uma forte tempestade começou a sacudir o navio. As ondas eram tão altas que pareciam engolir o barco. Os marinheiros, desesperados, começaram a orar e a jogar suas mercadorias ao mar, tentando salvar o navio.

— Vamos sortear para ver quem é o culpado por essa tempestade! - gritaram os marinheiros. E a sorte caiu sobre Jonas.

Jonas confessou:

— A tempestade é por minha causa. Eu desobedeci a Deus. Se vocês me jogarem no mar, a tempestade vai parar.

Os marinheiros não queriam fazer isso, mas a tempestade piorava. Então, não tiveram escolha. Com medo, jogaram Jonas no mar. Assim que ele caiu na água, a tempestade se acalmou. O mar ficou tranquilo, e os marinheiros ficaram muito assustados e agradeceram a Deus.

Enquanto Jonas afundava no mar, Deus enviou um grande peixe para engoli-lo. Jonas ficou dentro do peixe por três dias e três noites. Lá, no fundo da barriga do peixe, ele orou a Deus, pedindo perdão.

— Obrigado, Senhor, por me salvar! Vou fazer o que me mandaste - prometeu Jonas.

Dessa forma, Deus ordenou que o peixe cuspisse Jonas na praia. E assim, Jonas foi parar em terra firme, pronto para obedecer a Deus e cumprir sua missão.

# NOVO TESTAMENTO

PLAY

# A ANUNCIAÇÃO DO NASCIMENTO DE JOÃO BATISTA (LUCAS 1)

O sacerdote Zacarias e sua esposa, Isabel, eram pessoas muito boas. Eles obedeciam a Deus e viviam em paz, mas havia algo que os deixava tristes: não tinham filhos, e Isabel já era idosa. Um dia, enquanto Zacarias estava no templo, algo muito especial aconteceu.

Ele foi escolhido para entrar no lugar mais sagrado do templo e queimar incenso. Lá, de repente, um anjo de Deus apareceu! Zacarias ficou assustado e com medo, mas o anjo falou com ele:

— Não tenha medo, Zacarias! Deus ouviu sua oração. Isabel vai ter um filho, e você vai chamá-lo de João. Ele vai ser muito especial e trazer alegria para muitas pessoas. João será grande diante de Deus e preparará o caminho para a chegada do Salvador.

Zacarias não conseguia acreditar no que estava ouvindo. Ele e Isabel eram tão velhos! Por isso, ele perguntou ao anjo:

— Como isso pode acontecer? Somos muito idosos para ter um filho.

O anjo respondeu com firmeza:

— Eu sou Gabriel, e estou sempre na presença de Deus. Ele me enviou para trazer esta boa notícia. Mas, como você não acreditou, ficará mudo e não conseguirá falar até o dia em que o menino nascer.

Quando Zacarias saiu do templo, as pessoas estavam esperando por ele. Queriam saber por que ele tinha demorado tanto. Mas, para surpresa de todos, Zacarias não conseguia falar! Ele fazia sinais com as mãos, mas ninguém entendia o que tinha acontecido.

Passou algum tempo, e como o anjo havia dito, Isabel ficou grávida. Ela ficou muito feliz e disse:

— O Senhor me abençoou! Agora não terei mais vergonha por não ter filhos.

O nascimento de João Batista seria o começo de uma história maravilhosa!

# O NASCIMENTO DE JOÃO BATISTA (LUCAS 1:57-66)

Quando chegou o momento certo, Isabel, esposa de Zacarias, deu à luz um filho. A alegria tomou conta da casa, e todos os vizinhos e parentes vieram celebrar com eles. O bebê era tão especial que todos queriam saber qual seria seu nome.

No oitavo dia, de acordo com a tradição, levaram o menino para ser circuncidado. Alguns disseram:

— Vamos chamá-lo de Zacarias, como o pai.

Mas Isabel interrompeu:

— Não, ele se chamará João.

Todos ficaram surpresos! Eles perguntaram:

— Mas por que João? Ninguém na família tem esse nome!

Todos olharam para Zacarias, que ainda estava mudo. Com gestos, perguntaram a ele qual deveria ser o nome do menino. Zacarias pediu uma tábua para escrever e, com firmeza, escreveu: "Seu nome é João".

No mesmo instante, a boca de Zacarias se abriu e ele começou a falar novamente! Todos ficaram admirados, e o que Zacarias disse foi um lindo louvor a Deus:

— Bendito seja o Senhor, Deus de Israel, porque Ele veio salvar o Seu povo! E você, meu filho, será chamado profeta do Altíssimo, porque preparará o caminho para o Senhor.

As pessoas que ouviram essa história ficaram maravilhadas e comentavam: "O que será que esse menino vai se tornar?" Sabiam que Deus tinha algo muito especial para João.

João Batista cresceu e foi fortalecido pelo Espírito de Deus, até o dia em que começaria sua missão de preparar o coração das pessoas para a vinda de Jesus.

# O NASCIMENTO DE JESUS (MATEUS 1-2)

Maria era uma jovem que vivia em Nazaré e estava noiva de José, um homem muito bom. Certo dia, o anjo Gabriel apareceu para Maria e disse que ela teria um filho especial, enviado por Deus, e que Ele seria chamado Jesus. Maria ficou surpresa, mas respondeu com fé e confiança.

José também ficou sabendo da notícia, e no início, ele não sabia o que fazer. Mas, enquanto pensava sobre isso, um anjo apareceu a ele em um sonho e disse:

— José, não tenha medo de casar com Maria. O que está acontecendo com ela é obra do Espírito Santo. O filho que ela vai ter se chamará Jesus, e Ele salvará o povo dos seus pecados.

José acordou e fez tudo como o anjo havia mandado. Ele se casou com Maria e cuidou dela com muito carinho.

Quando chegou o tempo de Jesus nascer, o imperador romano César Augusto ordenou que todos se registrassem em suas cidades de origem. José e Maria viajaram até Belém, pois era a cidade da família de José. Mas, quando chegaram lá, todas as hospedagens estavam lotadas.

Sem encontrar um lugar para ficar, acabaram se abrigando em um estábulo, onde havia animais. Foi lá, em meio à simplicidade, que Jesus nasceu. Maria envolveu o bebê em panos e o colocou em uma manjedoura.

Naquela mesma noite, pastores estavam no campo cuidando de suas ovelhas. De repente, um anjo apareceu, e a luz do céu os cercou. O anjo disse:

— Não tenham medo! Eu trago boas notícias que vão trazer alegria para todos. Hoje, em Belém, nasceu o Salvador, Cristo, o Senhor!

Os pastores ficaram maravilhados e foram correndo até Belém para ver o bebê. Quando o encontraram, ficaram cheios de alegria e contaram a todos o que o anjo havia dito.

# A FUGA PARA O EGITO (MATEUS 2)

Depois que Jesus nasceu, alguns sábios do Oriente viram uma estrela especial no céu e a seguiram até Jerusalém. Eles chegaram à cidade e perguntaram:

— Onde está o rei dos judeus que acabou de nascer? Nós vimos a sua estrela no Oriente e viemos adorá-lo.

Quando o rei Herodes ouviu isso, ficou muito preocupado. Ele não queria que outro rei tomasse seu lugar. Então, Herodes chamou os sábios e disse:

— Vão a Belém e encontrem o menino. Quando o encontrarem, voltem e me contem, para que eu também possa adorá-lo.

Mas Herodes não queria adorar o menino, ele queria fazer mal a Jesus.

Os sábios seguiram a estrela até o lugar onde Jesus estava com Maria e José. Eles ficaram muito felizes quando viram o menino e o adoraram, oferecendo presentes valiosos: ouro, incenso e mirra.

Em um sonho, Deus avisou os sábios para não voltarem a Herodes. Eles ouviram Deus e voltaram para casa por outro caminho, sem contar nada ao rei.

Naquela noite, um anjo do Senhor apareceu a José em um sonho e disse:

— Levante-se, pegue o menino e sua mãe, e fuja para o Egito. Herodes está planejando procurar o menino para matá-lo. Fique lá até que eu lhe diga que é seguro voltar.

José obedeceu imediatamente. Ele se levantou, pegou Maria e o pequeno Jesus e partiram durante a noite para o Egito. Lá, ficaram em segurança até Herodes morrer.

Depois que Herodes faleceu, o anjo apareceu novamente a José e disse:

— Agora, volte para a terra de Israel, porque aqueles que queriam fazer mal ao menino já morreram.

Assim, José, Maria e Jesus retornaram, e foram morar em uma cidade chamada Nazaré, onde Jesus cresceu com segurança.

# O BATISMO DE JESUS (MATEUS 3)

Jesus cresceu em Nazaré, e quando ficou adulto, soube que seu primo João Batista estava pregando às pessoas sobre arrependimento e batizando-as no rio Jordão. João dizia a todos que o Reino de Deus estava perto e que deveriam preparar seus corações. Muitas pessoas iam até ele para confessar seus pecados e serem batizadas.

Um dia, Jesus foi até João e pediu para ser batizado. João ficou surpreso e disse:

— Eu é que preciso ser batizado por você, e você vem a mim?

Mas Jesus respondeu:

— Deixe assim por enquanto. É necessário fazermos tudo o que Deus quer.

João concordou e, então, batizou Jesus no rio Jordão. Quando Jesus saiu da água, algo incrível aconteceu! O céu se abriu, e o Espírito de Deus desceu sobre Ele em forma de pomba. E uma voz vinda do céu disse:

— Este é o meu Filho amado, em quem me agrado.

Todos que estavam lá ficaram maravilhados! Esse foi o momento em que Jesus começou Sua missão especial, mostrando a todos o amor e o poder de Deus. A partir daquele dia, Jesus começou a pregar e a realizar grandes obras.

# A TENTAÇÃO DE JESUS (MATEUS 4)

Depois de ser batizado por João, Jesus foi levado pelo Espírito ao deserto. Ele ficou lá por quarenta dias e quarenta noites, sem comer nada, e estava com muita fome. Foi nesse momento que o diabo apareceu para tentar Jesus.

A primeira tentação foi quando o diabo disse:

— Se você é o Filho de Deus, transforme estas pedras em pão.

Mas Jesus respondeu com firmeza:

— Está escrito: "Nem só de pão viverá o homem, mas de toda palavra que sai da boca de Deus."

Então, o diabo levou Jesus até a parte mais alta do templo em Jerusalém e disse:

— Se você é o Filho de Deus, jogue-se daqui, porque está escrito que Deus enviará Seus anjos para protegê-lo.

Jesus, porém, respondeu:

— Também está escrito: "Não ponha à prova o Senhor, seu Deus."

Por fim, o diabo levou Jesus a uma montanha muito alta e mostrou todos os reinos do mundo, dizendo:

— Eu lhe darei tudo isso se você se ajoelhar e me adorar.

Mas Jesus disse com autoridade:

— Vá embora, Satanás! Está escrito: "Adore o Senhor, seu Deus, e só a Ele preste culto".

Então, o diabo foi embora, e logo anjos vieram cuidar de Jesus. Ele venceu todas as tentações e continuou seu caminho para cumprir a missão que Deus lhe havia dado, sempre obediente e fiel ao Pai.

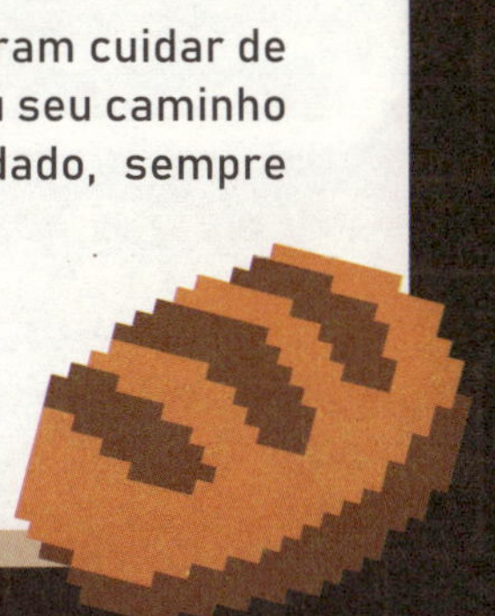

# OS PRIMEIROS DISCÍPULOS (MATEUS 4)

Jesus andava pelas margens do mar da Galileia, observando as águas tranquilas e as redes que os pescadores lançavam ao mar. Ele sabia que sua missão estava apenas começando e que precisaria de amigos para ajudá-lo. Enquanto caminhava, avistou dois irmãos, Simão, também chamado Pedro, e André. Eles estavam lançando suas redes, pescando como faziam todos os dias.

Jesus se aproximou e disse: — Venham comigo, e eu farei de vocês pescadores de pessoas!

Os irmãos pararam o que estavam fazendo e se entreolharam. O coração deles bateu mais rápido, como se soubessem que algo muito especial estava prestes a acontecer. Sem hesitar, deixaram suas redes no chão e seguiram Jesus. Eles não sabiam o que os esperava, mas confiavam naquele homem de olhar bondoso e palavras sábias.

Mais adiante, Jesus encontrou outros dois irmãos, Tiago e João, filhos de Zebedeu. Eles estavam num barco com o pai, também arrumando suas redes de pesca. Jesus chamou-os da mesma maneira: — Venham comigo!

Assim como Pedro e André, Tiago e João deixaram o barco e o pai para seguir Jesus. Eles não sabiam o que iriam aprender, mas estavam prontos para seguir o Mestre e espalhar sua mensagem por todos os lugares.

Assim, os primeiros discípulos de Jesus começaram a andar ao seu lado, aprendendo suas lições e espalhando amor e esperança. Eles não eram mais pescadores de peixes, mas de pessoas, levando a Palavra de Deus a todos que encontravam pelo caminho.

E você, se Jesus o chamasse, o que faria?

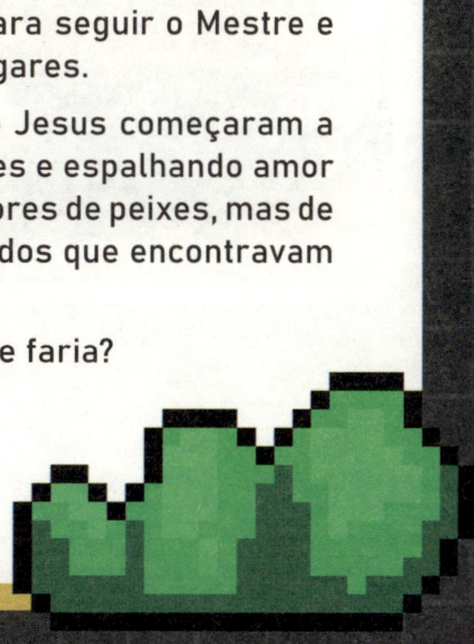

# AS BODAS DE CANÁ (JOÃO 2)

Jesus e seus discípulos foram convidados para um casamento em Caná. Maria, a mãe de Jesus, também estava lá. A festa era animada, com muita música e comida. Mas, de repente, algo aconteceu: o vinho acabou, o que era um grande problema naquela época, quando se dava uma festa de casamento.

Preocupada, Maria se aproximou de Jesus e disse:

— Filho, o vinho acabou.

Jesus respondeu com carinho:

— Ainda não é a hora de Eu agir.

Mesmo assim, Maria acreditava que Ele poderia ajudar. Então, disse aos servos:

— Façam tudo o que Ele mandar.

Jesus viu seis potes de pedra, que eram usados para guardar água, e disse:

— Encham esses potes com água.

Os servos obedeceram e encheram os potes. Jesus pediu:

— Agora, tirem um pouco e levem ao encarregado da festa.

Os servos levaram, e o encarregado, ao provar, ficou surpreso, pois a água havia se transformado no melhor vinho! Ele chamou o noivo e disse:

— Todos servem o melhor vinho primeiro e, depois, o inferior. Mas você guardou o melhor para o final!

Ninguém sabia o que tinha acontecido, mas os discípulos de Jesus viram e ficaram maravilhados. Assim, Jesus realizou seu primeiro milagre, mostrando seu poder e amor em uma simples festa.

# A MULHER SAMARITANA NO POÇO (JOÃO 4)

Jesus estava caminhando com seus discípulos e, cansado da viagem, sentou-se ao lado de um poço na cidade de Sicar, em Samaria. Era meio-dia, e o sol estava muito quente. Enquanto Ele descansava, uma mulher samaritana veio tirar água do poço.

Jesus olhou para ela e disse:

— Dá-me um pouco de água para beber?

A mulher ficou surpresa, pois os judeus, como Jesus, não falavam com samaritanos. Então, ela perguntou:

— Como o Senhor, sendo judeu, me pede água, sendo eu uma samaritana?

Jesus respondeu com um sorriso:

— Se você soubesse quem está te pedindo água, você é quem me pediria, e Eu te daria água viva.

A mulher, sem entender direito, perguntou:

— O Senhor não tem como tirar água, e o poço é fundo. De onde vem essa água viva?

Jesus explicou:

— Quem beber desta água terá sede de novo, mas quem beber da água que Eu der nunca mais terá sede. Essa água vai se tornar uma fonte que jorra para a vida eterna.

A mulher, então, disse animada:

— Senhor, me dê dessa água, para que eu não tenha mais sede e nem precise voltar aqui para buscar.

Jesus revelou coisas sobre a vida dela que só Ele poderia saber, e a mulher percebeu que Ele era um profeta. Ela correu para a cidade e contou a todos sobre Jesus. Muitos foram até Ele e acreditaram em suas palavras por causa do que a mulher disse.

# A CURA DO FILHO DO OFICIAL (JOÃO 4:43-54)

Jesus voltou à cidade de Caná, onde havia transformado água em vinho. Quando chegou lá, um oficial do rei, que morava em Cafarnaum, veio correndo até Ele, muito aflito. Seu filho estava doente, quase à morte, e ele acreditava que só Jesus poderia salvá-lo.

Com o coração cheio de esperança, o oficial implorou:

— Senhor, por favor, venha até minha casa e cure meu filho antes que ele morra!

Jesus olhou para ele e disse:

— Vocês só acreditam quando veem sinais e milagres.

Mesmo assim, o oficial suplicou:

— Senhor, por favor, venha antes que seja tarde demais!

Então, Jesus, com compaixão, disse:

— Pode ir. Seu filho está curado.

O homem acreditou nas palavras de Jesus e voltou para casa. No caminho, seus servos o encontraram e lhe deram a boa notícia:

— Seu filho está vivo e bem!

O oficial perguntou a que horas o menino começou a melhorar, e eles responderam:

— Foi ontem, por volta da uma hora da tarde.

O oficial percebeu que foi exatamente o momento em que Jesus disse que o filho dele estava curado. Maravilhado, ele e toda a sua família passaram a acreditar em Jesus.

Esse foi mais um sinal do poder e amor de Jesus.

# A CURA DO LEPROSO (MATEUS 8)

Um dia, enquanto Jesus caminhava pelas cidades, um homem com uma doença de pele muito grave, chamada lepra, aproximou-se dele. Esse homem estava muito doente e, por causa disso, ninguém queria chegar perto dele. Mas, mesmo assim, ele não desistiu e foi até Jesus. Quando o homem chegou bem perto, ajoelhou-se e disse com muita esperança:

— Senhor, se o Senhor quiser, pode me curar!

Jesus, com um olhar cheio de amor e bondade, estendeu a mão e tocou aquele homem, mesmo que todos achassem que ninguém deveria tocá-lo. Com uma voz suave, Jesus disse:

— Eu quero! Seja curado!

Na mesma hora, a doença do homem desapareceu! Sua pele ficou limpinha, como se ele nunca tivesse tido lepra. O homem ficou muito feliz e agradecido.

Então, Jesus disse para ele:

— Não conte a ninguém sobre isso agora. Vá e mostre-se ao sacerdote e ofereça o sacrifício que Moisés mandou na Lei. Assim, todos saberão que você está curado de verdade.

E o homem fez exatamente o que Jesus mandou. Assim, a notícia sobre a bondade e o poder de Jesus se espalhou por todos os lugares e muitas pessoas passaram a acreditar nele.

# A CURA DO PARALÍTICO EM BETESDA (JOÃO 5)

Em Jerusalém, havia um lugar chamado Betesda, onde existia um grande tanque de água. Muitas pessoas doentes, cegas, mancas e paralíticas ficavam ao redor do tanque, esperando que a água se movesse. Acreditava-se que, de vez em quando, um anjo descia e agitava a água, e o primeiro que entrasse depois disso ficava curado.

Um dia, Jesus foi até lá e viu um homem que estava doente há 38 anos. Ele era paralítico e não conseguia se mover. Jesus se aproximou dele e perguntou com carinho:

— Você quer ser curado?

O homem, desanimado, respondeu:

— Senhor, não tenho ninguém que me ajude a entrar no tanque quando a água se agita. Quando eu tento, alguém sempre entra antes de mim.

Então, Jesus olhou para ele com compaixão e disse:

— Levante-se, pegue sua cama e ande.

Imediatamente, o homem ficou curado! Ele se levantou, pegou sua cama e começou a andar, cheio de alegria e surpresa. As pessoas que estavam ali ficaram maravilhadas ao ver o milagre.

No entanto, era um dia de sábado, e algumas pessoas começaram a questionar por que o homem estava carregando sua cama, já que isso não era permitido nesse dia. Mas o homem, feliz e agradecido, contou a todos que havia sido Jesus quem o curara.

Assim, mais uma vez, Jesus mostrou seu poder e amor por aqueles que precisam.

# O SERMÃO DA MONTANHA (MATEUS 5-7)

Jesus subiu uma montanha e muitas pessoas o seguiram, porque estavam curiosas para ouvir o que Ele tinha a dizer. Jesus se sentou e então começou a falar. Suas palavras eram cheias de amor e sabedoria.

Ele olhou para todos e disse:

— Felizes são os que confiam em Deus, mesmo quando têm pouco, pois deles é o Reino dos Céus. Felizes são os que choram, pois serão consolados. Felizes são os humildes, porque herdarão a Terra.

As pessoas ouviam com atenção o que Jesus dizia.

— Felizes são aqueles que têm fome e sede de justiça, porque serão satisfeitos. Felizes os misericordiosos, pois receberão misericórdia. Felizes os que têm o coração puro, porque verão a Deus.

Jesus também falou sobre como devemos tratar os outros:

— Vocês são a luz do mundo! Não se pode esconder uma cidade construída sobre um monte. Assim, brilhem a luz de vocês diante das pessoas, para que elas vejam suas boas ações e louvem a Deus.

Jesus ensinou que o amor deve estar em tudo o que fazemos:

— Amem os seus inimigos e orem por quem os persegue. Se vocês amarem apenas quem ama vocês, o que estão fazendo de especial?

Jesus explicou muitas coisas, como a importância de ajudar os outros sem querer aparecer, orar com sinceridade e não se preocupar demais com o futuro.

— Não se preocupem com o que vão comer ou vestir – disse Ele.

— Deus cuida das aves do céu e das flores do campo. Vocês não valem muito mais do que elas?

No fim, Jesus ensinou que devemos construir nossas vidas sobre a rocha firme de seus ensinamentos, pois assim estaremos sempre seguros, mesmo nas tempestades.

# A PARÁBOLA DO SEMEADOR (MATEUS 13)

Jesus estava ensinando uma grande multidão perto do mar. Ele decidiu contar uma história, que conhecemos como parábola. Jesus disse:

— Um semeador saiu para plantar sementes. Enquanto lançava as sementes, algumas caíram à beira do caminho, e os pássaros vieram e as comeram. Outras sementes caíram em um solo cheio de pedras, onde não havia muita terra. Elas até começaram a crescer, mas como o solo era raso, o sol quente as queimou, além de secarem por não terem raízes profundas.

Jesus continuou:

— Outras sementes caíram entre espinhos. As plantas começaram a crescer, mas os espinhos cresceram junto e as sufocaram, não dando fruto. Mas, finalmente, algumas sementes caíram em um bom solo. Elas cresceram fortes e produziram frutos. Algumas plantas deram trinta, outras sessenta e outras até cem vezes mais.

Depois de contar essa parábola, os discípulos perguntaram a Jesus o que ela significava. E Ele explicou:

— As sementes representam a Palavra de Deus. Algumas pessoas ouvem a Palavra, mas não entendem, e o inimigo a tira delas, como os pássaros que comeram as sementes à beira do caminho. Outras pessoas ouvem, mas, como o solo com pedras, sua fé não tem raízes profundas, e logo desistem. Há também aquelas que ouvem, mas as preocupações da vida, como os espinhos, sufocam a Palavra e ela não dá fruto. Mas algumas pessoas são como o bom solo, ouvem, entendem e deixam a Palavra crescer em seus corações, produzindo muitos frutos.

Jesus usava essas histórias para ensinar as pessoas de maneira simples, ajudando-as a entender como a fé deve crescer em seus corações.

# JESUS ACALMA A TEMPESTADE (MARCOS 4)

Jesus estava em um barco com seus discípulos, atravessando o mar. Depois de um dia cheio de ensinamentos, Ele estava cansado e foi dormir na parte de trás do barco. Enquanto isso, uma grande tempestade começou a se formar. O vento soprava forte, as ondas eram enormes, e a água começava a entrar no barco.

Os discípulos ficaram muito assustados. Eles tentavam controlar o barco, mas parecia que iam afundar. Desesperados, correram até Jesus e o acordaram, gritando:

— Mestre, não se importa que vamos morrer?

Jesus, calmamente, levantou-se e olhou para o mar agitado e para o céu cheio de nuvens escuras. Então, com uma voz firme, disse:

— Silêncio! Acalme-se!

Na mesma hora, o vento parou de soprar, e as águas ficaram tranquilas como um lago. A tempestade passou, e o mar voltou a ficar sereno. Todos ficaram admirados com o que havia acabado de acontecer.

Jesus olhou para seus discípulos e perguntou:

— Por que estão com tanto medo? Ainda não têm fé?

Os discípulos, espantados, cochichavam entre si:

— Quem é este, que até o vento e o mar obedecem?

Eles entenderam, mais uma vez, que Jesus era muito mais poderoso do que qualquer coisa no mundo, até mais do que as tempestades mais assustadoras.

# A MULHER DO FLUXO DE SANGUE (MARCOS 5)

Jesus estava caminhando no meio de uma grande multidão. Muitas pessoas o seguiam, e todos queriam vê-lo, tocar nele e ouvir suas palavras. No meio de tantas pessoas, havia uma mulher que sofria de uma doença fazia doze anos. Ela tinha gastado todo o seu dinheiro com médicos, mas ninguém conseguia curá-la.

Ela ouviu falar de Jesus e acreditou que, se ao menos tocasse nas roupas dele, seria curada. Com muita esperança no coração, a mulher se aproximou e, no meio da multidão, tocou na capa de Jesus, bem de leve.

Naquele exato momento, a mulher sentiu que algo diferente aconteceu em seu corpo. Ela percebeu que havia sido curada! Jesus também sentiu que alguém o tocara de forma especial, pois uma força saíra Dele. Logo, Ele parou e perguntou:

— Quem tocou nas minhas roupas?

Os discípulos, sem entender, disseram:

— Mestre, a multidão está apertando você por todos os lados! Como perguntar quem te tocou?

Mas Jesus olhou ao redor, procurando por aquela pessoa. A mulher, percebendo que não poderia se esconder, aproximou-se tremendo de medo e contou tudo o que havia acontecido.

Jesus olhou para ela com carinho e disse:

— Filha, a sua fé te curou. Vá em paz e fique livre da sua doença.

A mulher saiu dali feliz e cheia de gratidão, porque Jesus havia mudado sua vida para sempre.

# A MULTIPLICAÇÃO DOS PÃES E PEIXES (MATEUS 14:13-21)

Jesus estava em um lugar afastado, mas uma multidão enorme o seguiu. Eles queriam ouvir seus ensinamentos e receber cura para suas doenças. Jesus, sempre compassivo, passou o dia inteiro cuidando dessas pessoas. Quando começou a anoitecer, os discípulos ficaram preocupados e disseram a Jesus:

— Mestre, já está ficando tarde, e este lugar é deserto. Mande o povo embora para que possam comprar comida nas vilas.

Mas Jesus respondeu:

— Eles não precisam ir embora. Dêem vocês algo para eles comerem.

Os discípulos ficaram surpresos e responderam:

— Só temos cinco pães e dois peixes!

Jesus, com tranquilidade, pediu que trouxessem os pães e os peixes até Ele. Em seguida, mandou que a multidão se sentasse na grama. Pegando os pães e os peixes, Jesus olhou para o céu, deu graças a Deus e começou a partir os pães e os peixes.

Algo incrível aconteceu! À medida que os discípulos distribuíam a comida, ela não acabava! Todos comiam e se satisfaziam. Mais de cinco mil homens, sem contar as mulheres e crianças, haviam sido alimentados. Quando terminaram, ainda sobraram doze cestos cheios!

Os discípulos ficaram maravilhados, e as pessoas perceberam que Jesus era muito mais do que um simples homem. Ele cuidava delas de forma milagrosa e cheia de amor.

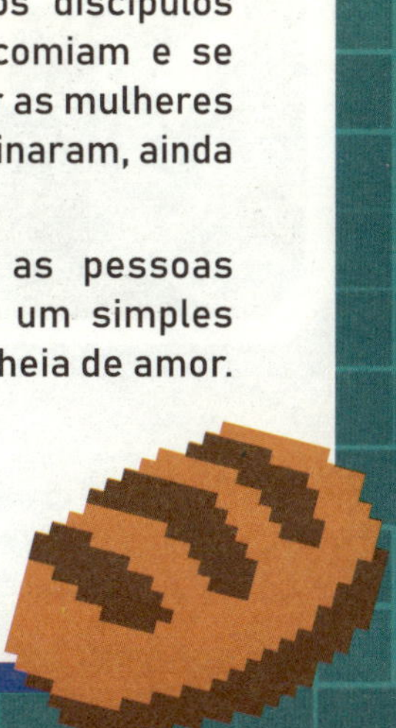

# JESUS ANDA SOBRE AS ÁGUAS (MATEUS 14:22-33)

Depois de um dia cheio, Jesus pediu aos seus discípulos que subissem no barco e atravessassem o mar. Ele ficaria sozinho para orar. Assim, os discípulos partiram, deixando Jesus na montanha.

Enquanto estavam no meio do mar, uma forte tempestade começou a balançar o barco. As ondas estavam altas, e o vento era muito forte. Os discípulos ficaram com medo, tentando controlar o barco.

Já era de madrugada quando algo surpreendente aconteceu. Jesus estava vindo até eles, mas Ele não estava em um barco. Jesus estava andando sobre as águas! Os discípulos, assustados, pensaram que fosse um fantasma e começaram a gritar.

— Não tenham medo! Sou eu! – disse Jesus, acalmando-os.

Pedro, com o coração acelerado, respondeu:

— Senhor, se é o Senhor mesmo, manda-me ir até aí andando sobre as águas!

Jesus olhou para ele e disse:

— Venha!

Pedro saiu do barco e começou a andar sobre as águas, indo em direção a Jesus. Mas, quando sentiu o vento forte e viu as ondas ao seu redor, ficou com medo e começou a afundar.

— Senhor, salva-me! – gritou Pedro, desesperado.

Imediatamente, Jesus estendeu a mão e o segurou.

— Por que você duvidou, Pedro? – perguntou Jesus com carinho.

Eles voltaram para o barco, e assim que entraram, o vento parou. A tempestade se acalmou, e os discípulos, maravilhados, adoraram Jesus.

— Verdadeiramente, Tu és o Filho de Deus! – disseram todos, com os corações cheios de fé.

Essa foi mais uma demonstração de que Jesus estava sempre cuidando deles, mesmo nas situações mais assustadoras.

# A TRANSFIGURAÇÃO DE JESUS (MATEUS 17:1-13)

Jesus chamou três de seus discípulos, Pedro, Tiago e João, e juntos subiram uma alta montanha. Eles não sabiam exatamente o que aconteceria, mas confiavam em Jesus e seguiram com Ele.

Ao chegarem ao topo da montanha, algo incrível aconteceu. De repente, a aparência de Jesus mudou completamente! Seu rosto brilhou como o Sol, e Suas roupas ficaram tão brancas e radiantes que era difícil olhar diretamente para Ele.

Enquanto os discípulos olhavam, dois homens apareceram ao lado de Jesus. Era Moisés e Elias, grandes profetas do passado! Eles estavam conversando com Jesus, e os discípulos ficaram admirados.

Pedro, sempre o primeiro a falar, disse:

— Senhor, é tão bom estarmos aqui! Se quiser, posso construir três tendas: uma para o Senhor, uma para Moisés e outra para Elias.

Mas, antes que Pedro terminasse de falar, uma nuvem brilhante os envolveu, e da nuvem uma voz poderosa disse:

— Este é o meu Filho amado, em quem me agrado. Ouçam-no!

Ao ouvir essa voz, os discípulos ficaram aterrorizados e caíram com o rosto no chão. Eles sabiam que era a voz de Deus. Porém, Jesus se aproximou, tocou neles e disse com suavidade:

— Levantem-se, não tenham medo.

Quando levantaram a cabeça, viram que Moisés e Elias tinham ido embora, e Jesus estava novamente com a aparência de sempre. Enquanto desciam a montanha, Jesus lhes disse:

— Não contem a ninguém o que viram, até que o Filho do Homem ressuscite dos mortos.

Os discípulos ficaram em silêncio, pensando em tudo o que havia acontecido. Eles agora entendiam um pouco mais quem Jesus era, o Filho de Deus, cheio de glória e poder.

# A PARÁBOLA DO FILHO PRÓDIGO (LUCAS 15)

Um jovem pediu ao pai toda a herança que lhe pertencia. Ele queria sair de casa e viver sua própria vida. O pai, com tristeza no coração, deu-lhe o que pediu. O rapaz viajou para longe e gastou tudo em festas e coisas desnecessárias. Quando o dinheiro acabou, uma grande fome tomou conta da região, e ele ficou sem nada. Sem ter onde morar ou o que comer, começou a trabalhar cuidando de porcos, mas tinha tanta fome que desejava comer a comida dos animais.

Então, um dia, ele pensou: "Na casa de meu pai, até os empregados têm comida de sobra. Vou voltar e pedir perdão".

Com o coração arrependido, o jovem voltou para casa. Quando estava longe, seu pai o avistou e correu para abraçá-lo. O filho disse:

— Pai, pequei contra o céu e contra ti. Não sou digno de ser chamado teu filho.

Mas o pai, cheio de amor, ordenou:

— Tragam a melhor roupa, coloquem um anel em seu dedo e preparem uma grande festa! Meu filho estava perdido e foi encontrado.

O irmão mais velho, ao ouvir a música da festa, ficou irritado e perguntou:

— Por que fazem isso? Eu sempre estive aqui e nunca ganhei uma festa!

O pai respondeu:

— Filho, tudo o que é meu é teu, mas precisamos celebrar. Teu irmão estava perdido e agora voltou.

# A CURA DOS DEZ LEPROSOS (LUCAS 17)

Jesus caminhava em direção a Jerusalém. No caminho, ele passava por uma aldeia, quando, de repente, dez homens com uma terrível doença chamada lepra o avistaram de longe. Eles não podiam chegar perto das pessoas, então ficaram ao longe e gritaram:

— Jesus, Mestre, tenha misericórdia de nós!

Jesus olhou para eles com compaixão e, sem hesitar, respondeu:

— Vão e se apresentem aos sacerdotes.

Naquela época, quando alguém se curava de uma doença grave como a lepra, precisava ir até os sacerdotes para ser examinado e, só então, era declarado limpo. Os homens, confiando na palavra de Jesus, começaram a caminhar em direção ao templo, mesmo ainda estando doentes.

Mas, enquanto andavam, algo incrível aconteceu: eles perceberam que estavam completamente curados! Suas feridas desapareceram, a pele voltou ao normal e a dor se foi. Cheios de alegria, eles continuaram seu caminho.

Porém, um dos dez leprosos, ao perceber que estava curado, parou. Ele sentiu uma enorme gratidão em seu coração e decidiu voltar. Com o rosto cheio de emoção, ele correu até Jesus, se jogou aos pés dele e agradeceu:

— Obrigado, Jesus! Obrigado por me curar!

Esse homem era um samaritano, alguém que, normalmente, não se dava bem com os judeus. Mas, naquele momento, sua gratidão falou mais alto do que qualquer diferença. Jesus olhou para ele e disse:

— Não foram dez homens curados? Onde estão os outros nove? Somente este estrangeiro voltou para dar glórias a Deus?

Então, Jesus disse ao homem:

— Levante-se e vá. A sua fé te salvou.

O homem levantou-se, com o coração leve e cheio de alegria, e foi embora, agradecendo a Deus por tudo que tinha acontecido.

# A RESSURREIÇÃO DE LÁZARO (JOÃO 11)

Jesus estava em outra cidade quando recebeu uma notícia triste: seu amigo Lázaro estava muito doente. As irmãs dele, Marta e Maria, mandaram um recado, acreditando que Jesus poderia curá-lo. No entanto, Jesus não foi imediatamente e disse aos discípulos:

— Essa doença não é para a morte, mas para mostrar a glória de Deus.

Dois dias depois, Jesus decidiu ir até Betânia, onde Lázaro morava. Ao chegar lá, Lázaro já havia morrido e estava no túmulo há quatro dias. Marta correu ao encontro de Jesus e disse, chorando:

— Senhor, se estivesse aqui, meu irmão não teria morrido.

Jesus respondeu:

— Seu irmão vai ressuscitar.

Marta pensou que ele falava do futuro, mas Jesus disse:

— Eu sou a ressurreição e a vida. Quem crê em mim, ainda que morra, viverá.

Maria também foi até Jesus, muito triste, e ele, vendo todos chorarem, se comoveu e chorou também. Em seguida, Jesus foi ao túmulo de Lázaro e ordenou:

— Tirem a pedra.

Marta disse, preocupada:

— Senhor, faz quatro dias, vai cheirar mal!

Jesus respondeu:

— Não lhe falei que, se você crer, verá a glória de Deus?

Removeram a pedra, e Jesus orou ao Pai. Depois, gritou:

— Lázaro, venha para fora!

Lázaro saiu do túmulo, vivo, com as mãos e pés amarrados em faixas. Jesus disse:

— Desamarrem-no e deixem-no ir.

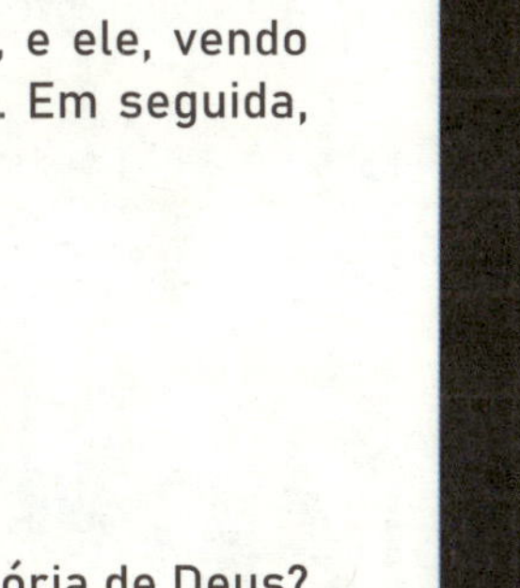

# A HISTÓRIA DE ZAQUEU (LUCAS 19)

Em uma cidade chamada Jericó, vivia um homem conhecido como Zaqueu. Ele era um cobrador de impostos muito rico, mas ninguém gostava dele, porque cobrava mais dinheiro do que devia e ficava com a diferença. As pessoas achavam Zaqueu injusto e não queriam ser amigas dele.

Um dia, Jesus estava passando por Jericó, e uma grande multidão se juntou para vê-lo. Zaqueu, curioso para conhecer Jesus, também quis vê-lo, mas havia um problema: ele era muito baixinho e não conseguia enxergar nada no meio da multidão.

Zaqueu teve uma ideia! Ele correu à frente de todos e subiu em uma figueira, uma árvore alta. De lá, ele poderia ver Jesus quando Ele passasse. E assim, Zaqueu ficou esperando.

Quando Jesus chegou perto da árvore, parou, olhou para cima e disse:

— Zaqueu, desça depressa! Hoje eu vou ficar em sua casa.

Zaqueu ficou surpreso e muito feliz. Desceu rapidamente da árvore e recebeu Jesus com alegria. Mas as pessoas que estavam ao redor começaram a murmurar:

— Como pode Jesus ir à casa de um homem pecador como Zaqueu?

Zaqueu ouviu o que diziam, mas estava decidido a mudar. Então, ele se levantou e disse a Jesus:

— Senhor, vou dar metade dos meus bens aos pobres! E, se eu roubei alguém, vou devolver quatro vezes mais!

Jesus sorriu para Zaqueu e disse:

— Hoje a salvação entrou nesta casa, porque o Filho do Homem veio buscar e salvar quem está perdido.

A partir daquele dia, Zaqueu mudou de vida, mostrando que o amor e o perdão de Jesus podem transformar qualquer coração.

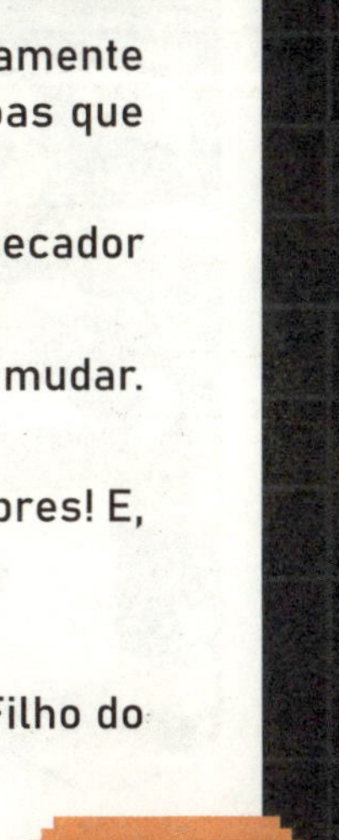

# A ENTRADA TRIUNFAL DE JESUS EM JERUSALÉM (MATEUS 21)

Jesus estava se aproximando de Jerusalém, e sabia que algo muito importante iria acontecer. Ele chamou dois de seus discípulos e deu uma tarefa especial:

— Vão até a aldeia que está à frente. Lá vocês encontrarão uma jumenta amarrada, com um jumentinho ao lado. Desamarrem-nos e tragam para mim. Se alguém perguntar, digam que o Senhor precisa deles.

Os discípulos foram e encontraram tudo exatamente como Jesus havia dito. Eles trouxeram a jumenta e o jumentinho, e colocaram suas capas sobre o jumentinho para que Jesus pudesse montar. Isso aconteceu para que se cumprisse o que o profeta havia dito: "Eis que o seu rei vem até você, humilde, montado em um jumentinho."

Enquanto Jesus entrava em Jerusalém, uma multidão começou a se formar. As pessoas estavam muito animadas! Elas estendiam suas capas no chão e também colocavam ramos de árvores para enfeitar o caminho. Elas queriam honrar Jesus como um rei. Todos gritavam:

— Hosana ao Filho de Davi! Bendito é o que vem em nome do Senhor! Hosana nas alturas!

A cidade inteira ficou agitada com a chegada de Jesus. As pessoas perguntavam:

— Quem é esse?

E a multidão respondia:

— É Jesus, o profeta de Nazaré da Galileia!

A entrada de Jesus foi um momento de grande alegria. Ele foi recebido como um rei, mas era um rei muito diferente, humilde e cheio de amor.

# JESUS LAVA OS PÉS DOS DISCÍPULOS (JOÃO 13)

Era a última ceia que Jesus teria com seus discípulos antes de ser preso. Durante a refeição, Jesus fez algo que deixou todos surpresos. Ele se levantou, tirou sua capa, pegou uma toalha e a amarrou na cintura. Depois, colocou água em uma bacia e começou a lavar os pés dos discípulos. Isso era algo que só os servos faziam naquela época.

Quando chegou a vez de Pedro, ele disse:

— Senhor, o senhor vai lavar os meus pés?

Jesus respondeu:

— Agora você não entende o que estou fazendo, mas mais tarde entenderá.

Pedro, muito espantado, falou:

— Nunca o senhor vai lavar os meus pés!

Jesus olhou para ele com carinho e disse:

— Se eu não lavar os seus pés, você não terá parte comigo.

Pedro então respondeu rapidamente:

— Senhor, então não só os meus pés, mas também as minhas mãos e a cabeça!

Jesus sorriu e explicou:

— Quem já tomou banho está limpo, só precisa lavar os pés. E vocês estão limpos, mas nem todos.

Jesus estava falando de Judas, que iria traí-lo.

Depois de lavar os pés de todos, Jesus colocou sua capa novamente e se sentou. Ele perguntou:

— Vocês entenderam o que eu fiz? Se eu, que sou o Senhor e Mestre, lavei os seus pés, vocês também devem lavar os pés uns dos outros. Eu dei o exemplo para que façam o mesmo.

Jesus queria ensinar seus discípulos que devemos servir uns aos outros com amor e humildade.

# A ÚLTIMA CEIA (MATEUS 26)

Na noite antes de ser preso, Jesus reuniu seus discípulos para uma refeição muito especial. Eles estavam em uma sala grande e iluminada, prontos para a ceia. Enquanto todos comiam, Jesus olhou para os seus amigos e disse algo que os deixou muito tristes:

— Um de vocês vai me trair.

Os discípulos ficaram confusos e começaram a perguntar:

— Será que sou eu, Senhor?

Jesus respondeu:

— Aquele que come comigo do mesmo prato, esse vai me trair.

Judas, que já havia planejado trair Jesus, também perguntou:

— Mestre, sou eu?

Jesus olhou para ele e disse:

— Você o disse.

Então, Jesus fez algo muito importante. Ele pegou um pão, agradeceu a Deus e o partiu. Em seguida, deu a cada um dos discípulos e disse:

— Comam, este é o meu corpo.

Depois, pegou um cálice com vinho, deu graças e o passou para todos:

— Bebam dele, todos vocês. Esse é o meu sangue, que é derramado por muitos, para o perdão dos pecados.

Jesus explicou que, sempre que eles fizessem isso, deveriam lembrar-se dele. Aquela ceia se tornou um símbolo muito importante para os cristãos, e até hoje, todos se lembram de Jesus por meio da ceia, que chamamos de Santa Ceia.

Após a refeição, eles cantaram hinos e saíram juntos para o Monte das Oliveiras. Jesus sabia que em breve enfrentaria algo muito difícil, mas continuou firme, cheio de amor por seus discípulos e por todas as pessoas.

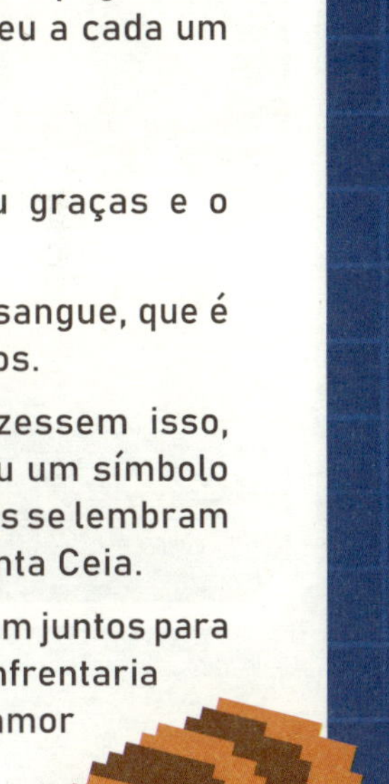

# A TRAIÇÃO DE JUDAS (MATEUS 26)

Um dos doze discípulos de Jesus já havia decidido entregar o Mestre aos inimigos. Seu nome era Judas Iscariotes. Ele sabia que Jesus sempre ia orar no Jardim do Getsêmani, então ali por sua chance.

Judas foi ao jardim do Getsêmani com um grupo de soldados e homens armados enviados pelos líderes religiosos. Estava escuro, e para que eles soubessem quem era Jesus, Judas combinou de aquele em quem ele desse o beijo seria Jesus.

Ao chegar perto de Jesus, Judas disse:

— Salve, Mestre! – e o beijou.

Nesse momento, Jesus olhou para Judas e perguntou:

— Amigo, o que traz você aqui?

Naquele momento, os soldados avançaram e prenderam Jesus. Os discípulos ficaram assustados e não sabiam o que fazer. Um dos discípulos de Jesus, chamado Pedro, tentou defendê-lo, puxou a espada e cortou a orelha de um dos soldados. Mas Jesus disse:

— Guarde sua espada! Pois aqueles que puxam sua espada, pela espada morrerão.

Com calma, Jesus curou a orelha do soldado. Ele se entregou sem resistir, pois sabia que tudo aquilo fazia parte dos planos de Deus para salvar a humanidade.

Jesus foi levado pelos soldados, os discípulos fugiram e Judas ficou para trás. Judas percebeu imediatamente que havia cometido um grande erro. Apesar de ter recebido as 30 moedas de prata, Judas logo se arrependeu e entendeu que a o dinheiro e a traição não trouxeram felicidade ao seu coração.

# A CRUCIFICAÇÃO DE JESUS (MATEUS 27)

Jesus havia sido preso, julgado e condenado. As pessoas gritavam: "Crucifica-o!", mesmo sabendo que Ele não havia feito nada de errado. Então, Jesus foi levado para ser crucificado. Soldados o maltrataram, colocando nele uma coroa feita de espinhos, zombando: "Salve, o rei dos judeus!".

Cansado e com dores, Jesus carregou uma pesada cruz pelas ruas. No caminho, encontraram um homem chamado Simão, que foi obrigado a ajudá-lo a levar a cruz. Eles chegaram a um lugar chamado Gólgota, que significa "Lugar da Caveira". Ali, pregaram as mãos e os pés de Jesus na cruz e a levantaram. Junto dele, duas outras pessoas também foram crucificadas, uma de cada lado.

Mesmo sofrendo muito, Jesus olhou para o céu e disse:

— Pai, perdoa-lhes, pois não sabem o que fazem.

As pessoas que passavam por ali zombavam dele, balançando a cabeça e dizendo:

— Se você é o Filho de Deus, desça da cruz!

Mas Jesus sabia que precisava morrer para salvar o mundo e permaneceu firme. Até os sacerdotes e os mestres da lei o provocavam:

— Ele salvou os outros, mas não pode salvar a si mesmo!

O céu começou a escurecer, mesmo sendo dia. Por volta das três horas da tarde, Jesus gritou em alta voz:

— Deus meu, Deus meu, por que me abandonaste?

Logo depois, Jesus suspirou profundamente e entregou o seu espírito. Ele havia morrido. Nesse momento, a terra tremeu, as rochas se partiram e o véu do templo se rasgou de cima a baixo. Um centurião que estava ali, ao ver tudo aquilo, disse:

— Verdadeiramente, este homem era o Filho de Deus!

O sacrifício de Jesus, embora muito triste, foi o maior ato de amor que o mundo já viu. Ele morreu para salvar todos nós.

# A RESSURREIÇÃO DE JESUS (MATEUS 28)

No domingo bem cedo, após a crucificação de Jesus, duas mulheres, Maria Madalena e Maria, foram visitar o túmulo onde ele havia sido colocado. Elas estavam tristes e queriam ver o seu lugar de descanso. Mas, ao chegarem lá, algo incrível aconteceu!

De repente, houve um grande terremoto, e um anjo do Senhor desceu do céu. Ele rolou a enorme pedra que fechava o túmulo e se sentou sobre ela. O anjo brilhava como o sol, e suas roupas eram brancas como a neve. Os guardas que estavam cuidando do túmulo ficaram tão assustados que tremeram e desmaiaram de medo.

O anjo, porém, falou com as mulheres:

— Não tenham medo! Eu sei que vocês estão procurando Jesus, que foi crucificado. Ele não está aqui; Ele ressuscitou, como havia dito! Venham ver o lugar onde ele estava deitado.

As mulheres ficaram muito surpresas e emocionadas. O anjo continuou:

— Agora, vão depressa e contem aos discípulos que Jesus ressuscitou dos mortos. Ele vai encontrá-los na Galileia. É lá que vocês o verão.

Com o coração cheio de alegria e esperança, as mulheres correram para contar a boa notícia aos discípulos. No caminho, algo maravilhoso aconteceu: Jesus apareceu para elas! Ele as saudou com um sorriso:

— Alegrem-se!

As mulheres se ajoelharam e o adoraram, cheias de felicidade. Jesus disse:

— Não tenham medo. Vão dizer aos meus irmãos para irem à Galileia, e lá eles me verão.

A ressurreição de Jesus trouxe nova esperança para todos. Ele venceu a morte e vive para sempre, mostrando que o amor de Deus é mais forte do que qualquer coisa!

# JESUS SOBE AOS CÉUS (ATOS 1)

Depois de ressuscitar, Jesus ficou quarenta dias com seus discípulos, ensinando e mostrando que estava vivo. Ele falava sobre o Reino de Deus e as coisas que ainda iriam acontecer. Os discípulos estavam muito felizes em vê-lo novamente, mas não sabiam que algo incrível estava prestes a acontecer.

Certo dia, Jesus reuniu seus amigos e disse:

— Não saiam de Jerusalém. Esperem pela promessa do Pai. Vocês serão batizados com o Espírito Santo daqui a poucos dias.

Os discípulos, curiosos, perguntaram:

— Senhor, é agora que o senhor vai restaurar o reino de Israel?

Jesus sorriu e respondeu:

— Não cabe a vocês saber o tempo certo que o Pai estabeleceu. Mas vocês receberão poder quando o Espírito Santo descer sobre vocês, e serão minhas testemunhas por todo o mundo.

Depois de dizer essas palavras, algo surpreendente aconteceu. Jesus começou a subir ao céu, diante dos olhos deles. Os discípulos olhavam para o alto, maravilhados, até que uma nuvem o cobriu e ele desapareceu.

Enquanto eles ainda olhavam para o céu, dois anjos vestidos de branco apareceram ao lado deles e disseram:

— Homens da Galileia, por que estão olhando para o céu? Esse Jesus, que foi levado de vocês, voltará da mesma maneira como o viram subir.

Os discípulos, emocionados e cheios de esperança, voltaram a Jerusalém como Jesus tinha pedido. Eles agora sabiam que o Espírito Santo viria para ajudá-los a espalhar a mensagem de Jesus por toda parte.

# A CURA DE UM COXO OU PARALÍTICO (ATOS 3)

Perto do templo de Jerusalém, havia um homem que não podia andar. Ele era coxo desde o dia em que nasceu e, todos os dias, amigos o levavam até a porta do templo chamado Formosa. Ali, ele pedia esmolas às pessoas que passavam.

Certo dia, Pedro e João, dois dos discípulos de Jesus, estavam indo para o templo. Quando o homem os viu, estendeu a mão, esperando receber algum dinheiro. Pedro olhou diretamente para ele e disse:

— Olhe para nós!

O homem ficou cheio de esperança, esperando que lhe dessem algo. Mas Pedro falou:

— Eu não tenho ouro nem prata, mas o que tenho, isso eu te dou. Em nome de Jesus Cristo, o nazareno, levanta-te e anda!

Pedro pegou a mão do homem e o ajudou a levantar. Naquele instante, os pés e os tornozelos do coxo ficaram fortes, e ele começou a andar! Ele estava tão feliz que entrou no templo junto com Pedro e João, andando, pulando e louvando a Deus.

Todos que estavam no templo viram o homem, que antes era coxo, agora andando e louvando a Deus. Ficaram maravilhados e perguntavam:

— Não é ele o homem que ficava pedindo esmolas na porta Formosa?

Pedro, então, aproveitou a oportunidade para falar a todos:

— Foi pelo nome de Jesus, o Filho de Deus, que esse homem foi curado. Jesus, a quem vocês entregaram para ser crucificado, mas que Deus ressuscitou dos mortos, é o responsável por esse milagre.

# A MORTE DE ESTÊVÃO (ATOS 7)

Estêvão era um homem cheio de fé e do Espírito Santo. Ele ajudava muito na igreja e falava sobre Jesus para todos. Estêvão também fazia milagres e sinais que mostravam o poder de Deus. Mas algumas pessoas não gostavam disso e discutiam com ele. Mesmo assim, elas não conseguiam vencer Estêvão, porque ele falava com sabedoria.

Por isso, essas pessoas resolveram inventar mentiras sobre ele. Disseram que Estêvão estava falando mal de Moisés e de Deus. Então, ele foi levado diante dos líderes religiosos e a ele foi perguntado se aquelas acusações eram verdadeiras. Estêvão começou a contar a história do povo de Israel, lembrando como Deus tinha sido fiel e como o povo muitas vezes havia desobedecido.

Quando Estêvão falou sobre Jesus, dizendo que Ele era o Salvador, as pessoas ficaram furiosas. Elas tamparam os ouvidos e começaram a gritar. De repente, elas pegaram pedras e arrastaram Estêvão para fora da cidade. Estêvão, mesmo em meio àquela situação, olhou para o céu e viu algo maravilhoso. Logo, ele disse:

— Vejo os céus abertos e Jesus, à direita de Deus!

Mas as pessoas não queriam ouvir. Começaram a apedrejá-lo. Mesmo assim, Estêvão orou:

— Senhor Jesus, recebe o meu espírito.

E antes de morrer, ele ainda pediu:

— Senhor, não os culpe por este pecado.

Com essas palavras, Estêvão descansou. Ele foi o primeiro seguidor de Jesus a morrer por causa de sua fé e sua coragem inspirou muitos outros a seguir o mesmo caminho.

# ENCONTRO DE PAULO COM DEUS (ATOS 9)

Saulo era um homem que não gostava dos seguidores de Jesus. Ele fazia de tudo para prendê-los e persegui-los. Um dia, ele pediu autorização para ir até a cidade de Damasco e prender quem seguisse Jesus por lá também.

No caminho para Damasco, algo surpreendente aconteceu. De repente, uma luz muito forte brilhou ao redor de Saulo, e ele caiu no chão. Então, ele ouviu uma voz que dizia:

— Saulo, Saulo, por que você me persegue?

Assustado, Saulo perguntou:

— Quem é você, Senhor?

A voz respondeu:

— Eu sou Jesus, a quem você persegue. Mas levante-se e entre na cidade. Lá, você receberá instruções sobre o que deve fazer.

Saulo se levantou, mas percebeu que não conseguia mais ver nada. Ele estava cego! Seus companheiros o ajudaram a chegar até Damasco, e ele ficou três dias sem ver, sem comer e sem beber.

Enquanto isso, em Damasco, Deus falou com um homem chamado Ananias. Deus disse para ele ir até Saulo e orar por ele. Ananias ficou com medo, pois sabia que Saulo perseguia os cristãos. Mas Deus disse:

— Não tenha medo, Ananias. Saulo é o escolhido para falar de mim a muitas pessoas, inclusive a reis e ao povo de Israel.

Ananias obedeceu, foi até Saulo e orou por ele. De repente, algo como escamas caiu dos olhos de Saulo, e ele voltou a enxergar. Ele foi batizado e, a partir daquele dia, sua vida mudou completamente. Saulo, que antes perseguia os cristãos, passou a ser um seguidor de Jesus. Ele ficou conhecido como Paulo e se tornou um grande pregador da Palavra de Deus.

# PEDRO É LIBERTO DA PRISÃO (ATOS 12)

Pedro, um dos discípulos de Jesus, foi preso por ordem do rei Herodes, que queria agradar os inimigos dos cristãos. Ele foi colocado em uma cela, com dois guardas ao seu lado, e muitos outros vigiando a prisão. Mas, enquanto Pedro estava na prisão, a igreja orava sem parar para que Deus o ajudasse.

Naquela noite, Pedro dormia entre os guardas, com correntes prendendo suas mãos. De repente, uma luz forte iluminou a cela e um anjo do Senhor apareceu. O anjo tocou Pedro no ombro e disse:

— Levante-se rápido!

As correntes que prendiam Pedro caíram de suas mãos. O anjo então disse:

— Coloque suas roupas e siga-me.

Pedro fez o que o anjo pediu, mas ele achava que estava sonhando. Eles passaram pelos guardas, que não os viram, e saíram da prisão. Quando chegaram à porta de ferro que dava para a cidade, ela se abriu sozinha! Pedro e o anjo caminharam até uma rua, e, de repente, o anjo desapareceu.

Foi aí que Pedro percebeu que tudo era real, e então disse:

— Agora sei que o Senhor enviou o seu anjo e me livrou das mãos de Herodes!

Pedro foi até a casa onde os cristãos estavam reunidos, orando por ele. Quando bateu à porta, uma jovem chamada Rode ouviu e, ao reconhecer a voz de Pedro, ficou tão feliz que correu para contar a todos, esquecendo-se de abrir a porta! Eles não acreditaram de imediato, mas quando finalmente abriram a porta, ficaram maravilhados ao ver Pedro.

Pedro contou como Deus o havia libertado da prisão, e todos louvaram a Deus por esse grande milagre.

# O APEDREJAMENTO DE PAVLO EM LISTRA (ATOS 14)

Paulo e Barnabé estavam viajando para contar às pessoas sobre Jesus. Eles chegaram a uma cidade chamada Listra, onde havia um homem que nunca tinha conseguido andar. Ele era coxo desde o nascimento. Quando Paulo viu que esse homem tinha fé para ser curado, disse com voz firme:

— Levante-se e fique de pé!

Imediatamente, o homem saltou e começou a andar! As pessoas que viram o milagre ficaram muito impressionadas. Elas achavam que Paulo e Barnabé eram deuses disfarçados de homens e começaram a chamá-los de deuses. Mas Paulo e Barnabé ficaram horrorizados e disseram:

— Não, não façam isso! Nós somos apenas pessoas como vocês. Estamos aqui para falar sobre o Deus verdadeiro, o Criador de todas as coisas.

Mesmo assim, foi difícil convencer as pessoas a parar de adorá-los.

Logo depois, algumas pessoas que não gostavam da mensagem de Paulo chegaram à cidade e convenceram a multidão a se voltar contra ele. Eles ficaram tão bravos que começaram a apedrejar Paulo. Depois de jogarem muitas pedras, acharam que ele estava morto e o arrastaram para fora da cidade.

Mas, para surpresa de todos, Paulo não estava morto! Os seguidores de Jesus o cercaram, e ele se levantou. Com muita coragem, Paulo voltou para a cidade e, no dia seguinte, continuou sua viagem com Barnabé, sem desistir de pregar sobre Jesus.

Paulo sabia que, mesmo enfrentando perigos e dificuldades, Deus estava sempre com ele. E ele continuou a espalhar a mensagem do amor de Jesus por onde passava.

# A VISÃO DE JOÃO NO APOCALIPSE (APOCALIPSE 1)

João, um dos discípulos de Jesus, estava exilado em uma ilha chamada Patmos por causa de sua fé. Ele amava tanto a Deus que, mesmo estando sozinho na ilha, continuava orando e adorando ao Senhor. Foi então que, em um domingo, João teve uma visão incrível.

De repente, ele ouviu uma voz forte como o som de uma trombeta, dizendo:

— Escreva em um livro tudo o que você vai ver e envie para as igrejas.

João se virou para ver quem falava, e o que ele viu foi maravilhoso! Havia sete candelabros de ouro e, entre eles, estava alguém que parecia um filho de homem, ou seja, Jesus. Ele vestia uma roupa comprida e tinha um cinto de ouro em volta do peito. Seus cabelos eram brancos como a neve, e seus olhos brilhavam como fogo. Seus pés pareciam de bronze reluzente, e sua voz era tão forte quanto o som de muitas águas.

Em sua mão direita, ele segurava sete estrelas, e de sua boca saía uma espada afiada. Seu rosto brilhava como o sol em todo o seu esplendor!

João ficou tão impressionado que caiu no chão, cheio de medo. Mas Jesus tocou nele e disse:

— Não tenha medo. Eu sou o Primeiro e o Último, o que vive. Eu estava morto, mas agora estou vivo para todo o sempre! Escreva o que você viu, o que está acontecendo e o que ainda vai acontecer.

Jesus revelou a João coisas maravilhosas sobre o futuro, mostrando que Deus sempre cuida de Seu povo e que um dia tudo será renovado. João obedeceu e escreveu tudo o que viu, para que todos pudessem saber das promessas de Deus.

Essa visão mostrou a João, e a todos nós, que Jesus é poderoso e está sempre ao lado de quem confia nele.

# AS SETE TROMBETAS (APOCALIPSE 8–9)

João teve uma visão impressionante sobre o que aconteceria no futuro. Ele viu sete anjos diante de Deus, e cada um deles recebeu uma trombeta. Essas trombetas trariam sinais importantes para o mundo.

Quando o primeiro anjo tocou sua trombeta, granizo e fogo misturados com sangue caíram do céu, queimando a terra, as árvores e toda a grama verde.

A segunda trombeta soou, e algo parecido com uma grande montanha pegando fogo foi lançado no mar. O mar virou sangue, muitos peixes morreram e os navios foram destruídos.

Na terceira trombeta, uma grande estrela, brilhando como uma tocha, caiu sobre os rios e fontes de água. Essa estrela era chamada de Absinto, e a água ficou amarga, fazendo muitas pessoas ficarem doentes.

Quando o quarto anjo tocou sua trombeta, parte do sol, da lua e das estrelas foi escurecida. O mundo ficou mais sombrio, como se estivesse sempre em meia-noite.

Mas ainda havia mais. O quinto anjo tocou sua trombeta, e uma estrela caiu do céu e abriu um poço sem fim. Dali saiu uma fumaça tão escura que cobriu o sol e o céu. De dentro dessa fumaça, vieram gafanhotos estranhos, como escorpiões, que picavam as pessoas. Eles não podiam machucar as plantas, mas feriam quem não tinha o selo de Deus na testa.

Depois, o sexto anjo tocou sua trombeta, e vozes saíram do altar de Deus. Quatro anjos foram soltos, e acompanhando-os veio um grande exército de cavaleiros, trazendo destruição para a Terra.

As trombetas mostravam que tempos difíceis viriam, mas João sabia que tudo fazia parte do plano de Deus. Mesmo com esses acontecimentos assustadores, quem confiasse em Deus estaria seguro. Ele cuidaria do seu povo e traria a verdadeira paz no fim de tudo.

# A BATALHA FINAL DO ARMAGEDOM (APOCALIPSE 16)

Em sua visão, João viu que no fim dos tempos haveria uma grande batalha chamada Armagedom. Era a batalha final entre o bem e o mal. Sete anjos receberam sete taças cheias da ira de Deus, e, quando cada uma era derramada coisas muito graves aconteciam na Terra.

Quando o sexto anjo derramou sua taça sobre o grande rio Eufrates, suas águas secaram, e um caminho foi aberto para os reis do Oriente. Então, três espíritos malignos, parecidos com sapos, saíram da boca do dragão, da besta e do falso profeta. Esses espíritos malignos foram até os reis de todo o mundo para juntá-los para a batalha.

Eles se reuniram em um lugar chamado Armagedom, prontos para lutar contra Deus. As forças do mal estavam preparadas para a grande guerra. Mas Deus já tinha um plano, e nada poderia vencê-lo.

Então, o sétimo anjo derramou sua taça no ar, e uma grande voz veio do trono, dizendo:

— Está feito!

Relâmpagos, trovões e um grande terremoto aconteceram, o maior terremoto de todos os tempos! As cidades caíram, as montanhas desapareceram, e grandes pedras de granizo caíram do céu. Era um momento de muita destruição para os inimigos de Deus.

Mas, mesmo com tanto poder e força contra o mal, Deus sempre esteve no controle. Essa batalha final viria para mostrar que, no final, Deus venceria. O mal seria derrotado para sempre, e aqueles que confiassem em Deus viveriam em paz e alegria com Ele, para sempre.

# A NOVA JERUSALÉM (APOCALIPSE 21)

João teve uma visão maravilhosa sobre uma nova cidade chamada Nova Jerusalém. Ele viu o céu e a terra completamente renovados, porque o primeiro céu e a primeira terra tinham desaparecido. Então, ele viu a Nova Jerusalém descendo do céu, preparada como uma linda noiva enfeitada para o seu noivo.

De repente, uma voz alta veio do trono de Deus e disse:

— Agora, a morada de Deus está com os homens! Ele viverá com eles, e eles serão o seu povo. Deus enxugará todas as lágrimas dos seus olhos, e não haverá mais morte, nem tristeza, nem choro, nem dor, porque as coisas antigas já passaram.

João ficou maravilhado com o que viu. A cidade brilhava como uma joia preciosa, com muros altos e doze portões. Cada portão tinha o nome de uma das doze tribos de Israel. Os muros eram feitos de jaspe, e a cidade de ouro puro, brilhando como cristal. As ruas eram de ouro puro, e a luz da cidade não vinha do sol ou da lua, mas do próprio Deus. A glória de Deus iluminava tudo, e Jesus, o Cordeiro, era a sua lâmpada.

Na Nova Jerusalém, não havia mais escuridão. As portas da cidade ficavam sempre abertas, e pessoas de todas as nações viriam para honrar e adorar a Deus. Não havia mais pecado, pois tudo ali era puro e perfeito.

No centro da cidade, João viu o rio da vida, brilhando como cristal, que saía do trono de Deus. De cada lado do rio, estava a Árvore-da-vida, que dava frutos o ano todo. Suas folhas eram para curar as nações.

João soube, então, que na Nova Jerusalém, todos viveriam felizes para sempre com Deus, e Ele cuidaria de todos com muito amor.